PHARMA MARKETING

Pharma Marketing

Einführung und Überblick

über

Pharma Marketing und

Pharma Markt Deutschland

Dieter Wolf

3. Auflage 2021

1. Auflage 2017
2. Auflage 2019

Impressum

Bibliografische Information der Deutschen Nationalbibliothek: Die
Deutsche Nationalbibliothek verzeichnet diese Publikation in der
Deutschen Nationalbibliografie; detaillierte bibliografische Daten sind
im Internet über dnb.dnb.de abrufbar.

© 2021 Dieter Wolf
Herstellung und Verlag: BoD – Books on Demand, Norderstedt
ISBN: 978-3-7460-3188-0

Inhalt

Pharma Marketing

Vorwort

Die pharmazeutische Industrie ist geprägt durch hochspezialisierte Mitarbeiter mit einer überwiegend naturwissenschaftlichen, medizinischen oder technischen Ausbildung.

Dies ist bedingt durch die aufwendige und komplizierte Erforschung, Entwicklung und Herstellung neuer Wirkstoffe und Arzneimittel. Für den Verkauf dieser neuen Arzneimittel sind Marketing und Vertrieb verantwortlich, unterstützt von Funktionen wie beispielsweise Marktforschung, Außendienst und medizinisch-wissenschaftlicher Abteilung.

Im Vergleich zum Konsumgütermarkt ist der Arzneimittelmarkt wesentlich stärker durch den Gesetzgeber reguliert. Daraus resultieren komplexe Marketing- und Vertriebsbeschränkungen, so dass auch in diesem Bereich ein hohes Maß an Fachwissen erforderlich ist, um den Verkauf von Arzneimitteln gesetzeskonform und erfolgreich zu gestalten.

Das vorliegende Buch Pharma Marketing wendet sich an Studierende und Mitarbeiter im Umfeld der pharmazeutischen Industrie mit einem naturwissenschaftlichen oder technischen Schwerpunkt in der Berufsausbildung, um diesen „Fachfremden" einen Überblick über wesentliche Aspekte des Arzneimittelmarketings zu geben.

Dieses Grundverständnis soll dem besseren Zusammenspiel mit den kaufmännischen bzw. betriebswirtschaftlichen Funktionen innerhalb eines pharmazeutischen Unternehmens dienen oder dazu anregen, sich näher mit dem Thema Pharma Marketing zu beschäftigen.

Daneben sollen auch Leser angesprochen werden, die sich für die pharmazeutische Industrie interessieren und die sich einen Überblick über den Pharmamarkt in Deutschland verschaffen wollen.

Pharma Marketing ist in der Regel eine internationale, globale Aufgabe, weil nur über eine internationale Vermarktung die hohen Aufwendungen zur Erforschung und Entwicklung von neuen innovativen Arzneimitteln kompensiert werden können.

Das vorliegende Buch Pharma Marketing beschränkt sich überwiegend auf die Vermarktung von Fertigarzneimitteln in Deutschland. Gleichwohl wird der Pharmaweltmarkt kurz skizziert, um Orientierung zu geben und Dimensionen aufzuzeigen.

Daneben werden ein paar internationale Aspekte des Arzneimittelmarketings vorgestellt, soweit diese Auswirkungen auf den nationalen Markt haben.

Eine weitere Beschränkung ist die Fokussierung auf Humanpharmazeutika, d.h. auf die Vermarktung von Tierarzneimitteln wird nicht eingegangen.

Für Kommentare und Kritik an diesem Buch kontaktieren Sie den Autor unter dwolf@gmx.de.

Diese Anmerkungen werden nach Prüfung und Bewertung gegebenenfalls in weiteren Auflagen berücksichtigt.

Autor

Dr. Dieter Wolf

Nach dem Chemiestudium an der Universität Tübingen und der Oregon State University, Corvallis, USA arbeitete der Autor zunächst in der Konsumgüterindustrie als technischer Produktmanager und lernte dabei die grundsätzlichen Methoden von Marktforschung und Marketing kennen.

Danach erfolgte der Wechsel in die pharmazeutische Industrie zunächst in den Bereich Lizenzen, später in die Geschäftsentwicklung (New Business Development).

Durch das Erstarken der Biotechnologie Ende der 1990er Jahre in der pharmazeutischen Industrie und damit verbunden dem Entstehen eines Auftragsgeschäftes war der Autor in Folge mit dem Aufbau eines internationalen Kundenportfolios für die biopharmazeutische Entwicklung und Lohnherstellung beschäftigt. Zum Aufgabenspektrum gehörten sowohl die Kundenakquisition, Erstellung von Verträgen als auch die weitere Kundenbetreuung.

Durch die verschiedenen Aufgaben sowohl außerhalb als auch innerhalb der pharmazeutischen Industrie haben sich breite Einblicke in die Themen Marketing und Pharma Marketing ergeben, die im vorliegenden Buch zusammengefasst sind.

Dank

Ein grosser Dank gilt Hanno Wolfram für seinen Gastbeitrag zum Thema Digitalisierung bzw. Digitalisierung im Gesundheitswesen (Kapitel 12).

1. Marketing

Marketing, Werbung, Marke

Marketing beschreibt die Vermarktung von Produkten, Firmen, Dienstleistungen oder Personen.

Exemplarisch werden hier Produkte und Firmen behandelt. Marketing umfasst eine Vielzahl von Maßnahmen, die als Marketing-Mix bezeichnet werden und dazu dienen, die Vermarktung und den Verkauf zu fördern. Marketing ist damit nicht einfach gleichzusetzen mit Werbung, andererseits stellt Werbung einen wichtigen Aspekt von Marketing dar.

Ein wichtiges Ziel von Produktmarketing ist es eine oder mehrere Eigenschaften des zu vermarktenden Gegenstandes herauszuarbeiten, um sich von vergleichbaren Produkten abzugrenzen. So soll eine bestimmte Wertigkeit, Qualität oder Sympathie vermittelt werden. Dies kann über Daten und Informationen zum Produkt, ein bestimmtes Image oder den Preis erfolgen. Wichtig für die Wirkung der Maßnahmen ist eine optimale Kommunikationsstrategie und passende Kommunikationsmittel für die jeweilige Zielgruppe. Dargestellt werden diese Punkte als die

„4P's" des Marketings:

Product:	Leistungs- und Programmpolitik
Price:	Preis- und Konditionspolitik
Promotion	Kommunikationspolitik
Place:	Distributionspolitik

(1.)

Diese werden ergänzt bzw. erweitert um die

„4C's" des Marketing:

Product:	Customer Solutions
Price:	Cost to Consumer
Promotion	Communication
Place:	Convenience
	(Einfachheit des Zugriffs)

(2.)

Die 4P's bzw. 4C's sind also die zu kontrollierenden Variablen, die die Vermarktung eines Produktes beschreiben und die idealerweise optimal aufeinander abgestimmt sind.

In einer Marke summieren sich alle Erwartungen eines Käufers an das Produkt, wobei eine Marke häufig auf den Markennamen reduziert wird. Im Idealfall wird die Erwartung erfüllt und der Käufer hat Sicherheit und Orientierung bezüglich Qualität und Eigenschaften eines Produktes. Wird die Erwartung des Käufers nicht erfüllt, wendet sich dieser enttäuscht ab und wird dieses Produkt zukünftig nicht mehr kaufen. Über eine entsprechende Werbemaßnahme kann auch ein Image beziehungsweise eine Zugehörigkeit zu einer bestimmten Personengruppe assoziiert werden.
Beispiele sind die Werbung für eine Zigarettenmarke bei der ein Image von Abenteuer und Freiheit vermittelt werden soll oder Werbung für Kosmetika mit bekannten Models oder Schauspielern, um die Glaubwürdigkeit der Werbebotschaft zu erhöhen und dadurch Nähe, Verbundenheit oder Zugehörigkeit zu assoziieren.
Der Aufbau einer Marke ist langwierig, aufwendig und erfordert eine eindeutige und konsequente Kommunikation. Dies bedeutet eine Beschränkung auf wenige Kernbotschaften, die über einen längeren Zeitraum immer wieder mitgeteilt werden müssen. Inhaltlich gravierende Sprünge müssen vermieden werden, um die Glaubwürdigkeit bei den Kunden nicht zu gefährden.

Markenentwicklung

Dennoch kann eine Marke auch geändert und weiterentwickelt werden.

Dies muss vorsichtig und in kleinen Schritten vorgenommen werden. Ein Beispiel wäre die Packungsaufmachung eines bestimmten Produktes: Ausgehend von einem bekannten Packungsdesign werden in kleinen, kaum auffälligen Schritten Veränderungen vorgenommen bis ein neuer Zielzustand erreicht ist.

Beispiel: Änderung einer Firmenmarke

(Corporate Design) Tirol Milch

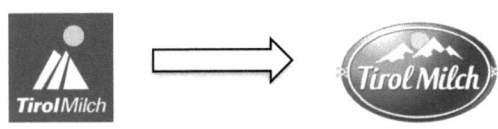

Altes Design   Neues Design

Der blaue Hintergrund, die weiße Schrift, die skizzierten Berge, der gelbe Punkt als Sonnensymbol und natürlich der Name „Tirol Milch" bleiben unverändert und sorgen für eine Wiedererkennung beim Käufer.

Beispiel: Änderung des Packungsdesigns von Thomapyrin®

1946

1995

2011

Seit Einführung im Jahr 1946 wurde das anfangs sehr schlichte Design der Packung in mehreren Schritten geändert, um dem veränderten Geschmack der Verbraucher Rechnung zu tragen. Gleichzeitig sollen mit dem dynamischeren Design aber auch jüngere Käufer angesprochen werden.

Beispiel: Änderung Packungsdesign Persil®

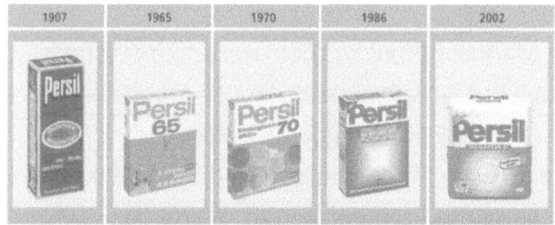

Persil® als Beispiel für Markenmanagement und Markenauftritt im Packungsdesign. Durch Anpassung des Designs an den aktuellen Verbrauchergeschmack und unter Beibehaltung des Markenzeichens Persil® und den Grundfarben grün, rot und weiss konnte Persil® langfristig als Premiummarke aufgebaut werden.

Ähnliches gilt für Werbebotschaften, die nur graduell geändert werden sollten, um Wiedererkennung und Glaubwürdigkeit zu erhalten. Das Schmerzmittel Thomapyrin® kann sicherlich glaubwürdig für eine ganze Reihe von Schmerzen (Kopf, Rücken, Zahn, etc.) beworben werden.

Ein Wechsel der Anwendung, beispielsweise als Arzneimittel gegen Fusspilz, Magenbeschwerden oder ein Augenleiden wäre eher unglaubwürdig insbesondere bei den Verwendern und würde zu einer Beschädigung der Marke führen.

Mit einer Markenbekanntheit verbindet sich dann auch ein bestimmter Markenwert. Im Falle einer Produktmarke kommt dieser Wert dem konkreten Produkt zu (Beispiel: Persil®). Im Falle einer Firmenmarke erhöht dieser den Wert aller Produkte einer Firma (Beispiel: Adidas®). Ein Turnschuh ist eben nicht nur ein Turnschuh, sondern wird über eine Firmenmarke wie Adidas® zu einem Produkt besonderer Qualität. Dadurch kann ein derartiges Produkt in der Regel teurer verkauft werden als ein „no name" Produkt von einem weniger bekannten Hersteller.

Investitionen in einen Markenaufbau werden also langfristig über einen Premiumpreis belohnt, vorausgesetzt die beworbenen Markeneigenschaften erfüllen die Erwartungen des Käufers. Kommunikationsmittel für den Markenaufbau sind Marketingmaßnahmen wie beispielsweise das Packungsdesign, Werbung in TV und Internet, Anzeigen in Zeitschriften oder PR-Maßnahmen.

Marktforschung

Ausgangspunkt jeder Marketingmaßname ist eine genaue Analyse des Marktes, inklusive der Produkte von Mitbewerbern. Dies wird als Marktforschung bezeichnet. Untersucht werden dabei allgemeine Marktcharakteristika wie Volumen (Umsatz, Anzahl der verkauften Produkte), Wachstum, die Marktposition des Unternehmens (Marktanteil, Bekanntheitsgrad), Zielgruppen, Kundenverhalten, -bedürfnisse und –zufriedenheit.
Aufgrund der gegebenen Fragestellungen unterscheidet man zwischen qualitativer und quantitativer Marktforschung.

Qualitative Marktforschung beschäftigt sich mit den Motiven eines Käufers, die ihn veranlassen, ein bestimmtes Produkt zu kaufen. In diesem Zusammenhang ist es wichtig, Kundenwünsche zu erforschen oder Probleme zu identifizieren, die sich mit dem Kauf von am Markt befindlichen Produkten ergeben, beziehungsweise, die noch von keinem Produkt zufriedenstellend gelöst wurden.
Vorausgesetzt ein neues Produkt erfüllt den Kundenwunsch oder löst das identifizierte Problem, dann muss diese Information in der Bewerbung des Produktes verwendet werden (Unique Selling Proposition (USP) bzw. Alleinstellungsmerkmal).
Für am Markt befindliche Produkte ist die qualitative Marktforschung ein gutes Instrument, um die Erwartung des Kunden zu überprüfen, die Produkte weiter zu entwickeln und zu verbessern oder die Kommunikation zum Produkt zu optimieren.

Quantitative Marktforschung erhebt Daten zum Produkt und dessen Umfeld.

Zum Beispiel: Schokolade

- Gesamtumsatz in Deutschland für Schokolade
- Anzahl der verkauften Packungen
- Anzahl der verkauften unterschiedlichen Packungsgrößen
- Unterschiedliche Preissegmente
- Unterschiedliche Sorten wie Vollmilchschokolade, Nussschokolade, weiße Schokolade , Sorten mit hohem Kakaugehalt oder Gewürzzusätzen wie Ingwer oder Pfeffer, etc.
- Markenprodukte (z.B. Milka®, Ritter Sport®) vs. weniger bekannte oder No Name (Discounter) Produkte

So ergibt sich ein genaues Bild im Bereich des Marktsegmentes Schokolade.

Marketingmaßnahmen der Mitbewerber können über kommerzielle Marktforschungsinstitute qualitativ ermittelt bzw. quantifiziert werden: z. B. Erinnerung an Aussagen zum Produkt und finanzieller Aufwand von Werbemaßnahmen.
Marktforschung liefert also zentrale Erkenntnisse für alle Marketingmaßnahmen, weil dadurch der Markt oder Teilmarkt sehr genau bestimmt wird und damit die Position des eigenen Produktes ermittelt werden kann.
Marketing ist die Ausarbeitung einer detaillierten Strategie zur erfolgreichen Vermarktung eines Produktes. Die Umsetzung dieser Strategie in die Praxis wird dann mittels einer Vertriebsabteilung (Außendienst, Call Center) realisiert. Marketing Mix ist die Auswahl und Zusammenstellung der unterschiedlichen Marketinginstrumente, basierend auf den 4P's (Product, Price, Placement und

Promotion) für die effiziente Umsetzung der Strategie. Dazu zählen u.a. Werbeanzeigen in Zeitschriften oder im Internet, Plakatwerbung, Preisausschreiben, Marketingmaßnahmen am Verkaufsort (Probeverkostung) oder TV- Werbung.
Grundsätzlich wird unterschieden ob ein Produkt an einen Endverbraucher (Business to Customer, B2C) oder einen industriellen Abnehmer (Business to Business, B2B) verkauft werden soll.

Werbung setzt häufig und insbesondere beim B2C auf emotionale Elemente wie stimmungsvolle Bilder oder Musik, um die Sympathie für ein bestimmtes Produkt zu erhöhen.

Beispiel: ein TV Spot zu Coca Cola®

Gezeigt werden schöne Bilder mit jungen Menschen, dazu passende Musik, um damit eine positive Stimmung beziehungsweise ein positives Lebensgefühl zu vermitteln. Aussagen zum Produkt werden nicht gemacht. Dies ist auch nicht notwendig aufgrund der großen Bekanntheit der Produktmarke Coca Cola®.

An dieser Stelle nochmals der wichtige Hinweis, dass Marketing nicht gleichzusetzen ist mit Werbung, aber jede Werbung ein wesentlicher Bestandteil des Marketings ist.

Bei der Bewerbung eines Produktes steht zumeist der Nutzen für den Verbraucher im Vordergrund. Bei technischen Produkten erfolgt dies überwiegend faktenbasiert, anhand von technischen oder wissenschaftlichen Dokumentationen, Datenblättern oder Dossiers mit Leistungsvergleichen. Ein Zusatznutzen ergibt sich beispielsweise aus den ästhetischen oder sozialen Wirkungen eines Produktes (Ausstattung- oder Designmerkmale eines Autos; soziale Anerkennung bei Kauf von umweltfreundlichen Produkten).
Beispielhaft sei der Verkauf einer Stanzmaschine zur Herstellung

von Karosserieteilen für die Automobilindustrie genannt (B2B): Informationen zur Zuverlässigkeit und Langlebigkeit, Wartungsaufwand, Zeit für Umrüstung auf neue Formatteile oder Produktionsgeschwindigkeit sind ebenso wichtige Produktinformationen wie beispielsweise die Qualität der hergestellten Karosserieteile. Einen Zusatznutzen bieten Aspekte wie Bedienungsfreundlichkeit durch Verwendung eines übersichtlichen Displays oder geringer Stromverbrauch.

Wird die Bekanntheit einer Marke für die Vermarktung weiterer Produkte ausgenutzt, bezeichnet man dies als Dachmarkenstrategie:

Produkte, die thematisch zu einem Markenprodukt passen, können sozusagen unter das Markendach gestellt werden. Wichtig ist, dass die neuen Produkte ebenso die Kundenerwartung erfüllen und es diesbezüglich zu keinen Enttäuschungen kommt, da dies zu einer Beschädigung der erfolgreichen Marken führen würde.
Beispiel und Startpunkt ist das bekannte Markenprodukt Nivea Creme® (Runde Dose, dunkelblau mit weißer Schrift).
Unter der Dachmarke Nivea® werden mittlerweile weitere Produkte vermarktet. Ausgehend von der Hautpflege Nivea Creme® wurden verschiedene Körperpflegeartikel wie Hautbalsam, Sonnenschutz, Pflegetücher u.a. entwickelt, die sich problemlos unter dem Markendach Nivea® vermarkten lassen.
Durch die Bezeichnung der Produktlinien mit den Begriffen Nivea Visage®, Nivea Sun® oder Nivea Baby® werden diese weiter differenziert.

Auch der Aufbau einer Firmenmarke (z.B. Adidas®) wirkt letztlich wie eine Dachmarke, weil sämtliche Produkte, die unter dem bekannten Firmennamen verkauft werden vom Image und Wert der Firmenmarke profitieren.

Leitgedanke bei einer Firmenmarke ist ein einheitliches Image (Corporate Identity) und ein einheitliches Design (Corporate Design).

Die Firma Apple® mit Logo angebissener Apfel ist gleichsam synonym für hochwertige elektronische Produkte mit edlem Design und modernster Technologie, egal ob es sich hierbei um ein iPhone®, iPod®, iPad® oder ein MacBook® handelt.

2. Pharma Marketing - Einstieg

Pharma Marketing in Deutschland

Pharma Marketing beschreibt die Vermarktung von Arzneimitteln.

Dies ist insofern eine Sondersituation, weil die Vermarktung durch den Gesetzgeber stark reguliert ist und sich daraus Einschränkungen und Bedingungen ergeben, die sich vom Konsumgütermarketing wesentlich unterscheiden:

	Konsumgüter	Arzneimittel
Marktzu-gang	Frei	Zulassung erforderlich; Widerruf der Zulassung möglich
Vertriebs-weg	Frei wählbar üblich: Hersteller/Produzent➔ Großhandel➔Einzel-Handel	Gesetzlich vorgeschrieben: Hersteller➔ Großhandel➔ Apotheke/ Klinikapotheke
Werbung	Mit wenigen Ausnahmen (Tabak) alle Medien, alle Zielgruppen Beschränkung durch Gesetz gegen unlauteren Wettbewerb	Beschränkt: nur Fachkreise, Heilmittelwerbegesetz, Arzneimittelgesetz (Informationsbeauftragter), unlauterer Wettbewerb, Selbst-Verpflichtung Verbände
Preis-gestaltung/ Rabatte	Frei	Frei im ersten Jahr für innovative, patentgeschützte Arzneimittel, ab 2. Jahr bei Zusatznutzen ausgehandelter Erstattungsbetrag (zwischen Hersteller und gesetzlicher Krankenversicherung)
Sicherheit	kontrollierte Qualität (z. b. Lebensmittel), Gütesiegel, Selbstverpflichtung	Gesetzlich vorgeschriebene Qualitätssicherung (Herstellleiter, Kontrollleiter, Vertriebsleiter, Informationsbeauftragter)

Insbesondere das Arzneimittelgesetz (AMG) und das Heilmittelwerbegesetz (HWG) sind hier vorrangig zu nennen.

Aber auch das Sozialgesetzbuch 5 (SGB V) ist wichtig, weil hier die Leistungserstattung durch die gesetzlichen Krankenkassen geregelt ist.

Arzneimittel im Sinne des Arzneimittelgesetzes (Arzneimittel lt. §2 AMG) sind Stoffe oder Zubereitungen aus Stoffen, die zur Anwendung an Mensch oder Tier bestimmt sind und zur Heilung, Linderung oder Verhütung von Krankheiten oder krankhafter Beschwerden, zur Wiederherstellung physiologischer Funktionen oder zur Stellung einer Diagnose verabreicht werden.

Arzneimittel dürfen nur über eine Apotheke vertrieben werden (Apothekenpflicht). Eine Ausnahme bilden die sogenannten „freiverkäuflichen Arzneimittel" (Kapitel 4).

Eine weitere Ausnahme stellen Arzneimittel für Tiere dar, die von einem Tierarzt direkt abgegeben werden dürfen.

Eine erste grundsätzliche Aufteilung der Arzneimittel ist die Einteilung in

Verschreibungspflichtige (rezeptpflichtige) Arzneimittel und

Verschreibungsfreie Arzneimittel

Verschreibungspflichtige Arzneimittel müssen von einem Arzt oder Zahnarzt mittels Rezept verordnet werden und können in einer Apotheke unter Vorlage des Rezeptes bezogen werden.

Verschreibungsfreie Arzneimittel können ohne ein Rezept direkt in einer Apotheke gekauft werden. Der Kunde/ Patient hat die freie Auswahl in seiner Kaufentscheidung oder kann sich vom Apotheker entsprechend beraten lassen.

Die Vermarktung von verschreibungsfreien Arzneimitteln wird als Selbstmedikation bezeichnet. Oft wird auch von OTC Vermarktung gesprochen, weil eine Selbstbedienung in der Apotheke nicht erlaubt ist und der Apotheker ein empfohlenes oder nachgefragtes Produkt immer über die Ladentheke „over the counter" reichen muss.

Wesentlicher Unterschied liegt in der Kostenübernahme des jeweiligen Arzneimittels. In der Selbstmedikation muss der Kunde das Arzneimittel komplett aus eigener Tasche bezahlen, die Kosten für verschreibungspflichtige Arzneimittel werden meist, häufig mit bestimmten Einschränkungen (Kapitel 6), von einer Krankenkasse übernommen. Dieser Unterschied ist somit auch Basis aller Marketingaktivitäten des Pharma Marketing.

Es muss also die Interessenslage der beteiligten Parteien genau untersucht werden, um festzulegen, welche Marketingmaßnahmen jeweils anzuwenden sind.

Pharma Marketing beschäftigt sich daher mit der Sichtweise und Interessenslage von Patienten, Ärzten, Apotheken, Krankenhäusern, Pharma Großhandel, Krankenkassen und selbstverständlich der pharmazeutischen Industrie.

Entwicklung der pharmazeutischen Industrie

Bevor die Vermarktung von modernen Fertigarzneimitteln näher beleuchtet wird, soll zuerst ein Rückblick in die Vergangenheit erfolgen, um zu verstehen, wie sich die pharmazeutische Industrie entwickelt hat.

Zu allen Zeiten haben sich die Menschen um Heilung oder Linderung von Krankheiten bemüht. Sowohl der Medizinmann bei Naturvölkern als auch der Bader im Mittelalter verfügten immer über mehr oder weniger erfolgreiche Methoden zur Linderung oder Heilung von Krankheiten. Neben praktischen Methoden, wie beispielsweise dem Verbinden von Wunden oder Schienen eines gebrochenen Beins, wurden auch diverse Mittel als „Medizin" verabreicht, die meist auf der Basis von Naturprodukten hergestellt wurden. Überwiegend wurden diverse Heilkräuter, Pflanzen sowie Pflanzenextrakte, wie beispielsweise Weidenrinde, Kamille oder Salbei eingesetzt zur Behandlung von Schmerzen (Weidenrinde), Wunden (Kamille) oder Atemwegsbeschwerden (Salbei).

Ausgangspunkt für die moderne pharmazeutische Industrie war die systematische Suche von definierten Wirkstoffen auf Basis der überlieferten Arzneimittel. Man wusste von einer Wirkung einer „Medizin" ohne zu wissen welcher konkrete Wirkstoff bzw. welches Molekül dafür verantwortlich war.

Mit modernen physikalischen/chemischen Verfahren, wie beispielsweise der Chromatographie, war es möglich komplexe Stoffgemische zu trennen und einzelne Substanzen zu isolieren, um diese gezielt auf eine pharmazeutische Wirkung zu untersuchen.

Nach Aufklärung der chemischen Struktur konnte dann mit der Suche nach einem Syntheseweg begonnen werden, um die Arzneimittel kontrolliert und industriell herzustellen.

Dies war der Beginn der Herstellung von Arzneimitteln durch die pharmazeutische Industrie.

In der Folge wurde dann die chemische Struktur der pharmazeutisch wirksamen Moleküle gezielt geringfügig verändert und geprüft, ob eine Verstärkung oder Schwächung der Wirkung resultiert, beziehungsweise ob Nebenwirkungen zurückgedrängt wurden.

Nach diesem sehr aufwendigen Prinzip wurden sehr viele Substanzen chemisch erzeugt und einem Screening unterzogen. Mit dem Einsatz von modernen Robotersystemen konnte die Arzneimittelsuche extrem beschleunigt werden. Aus einer innovativen Leitsubstanz können dabei viele gleichartig wirksame Molekülvarianten entstehen, die zu einem mehr oder weniger großen therapeutischen Fortschritt führen. Ist der Unterschied gering, spricht man von sogenannten „Me-Too-Präparaten" oder Nachahmerprodukten bzw. Scheininnovationen (Beispiele hierfür sind Betablocker, Cholesterinsenker oder Protonenpumpenhemmer).

Dieser iterative Ansatz war lange Zeit die einzige Möglichkeit, Arzneimittel weiter zu entwickeln, weil nur ein begrenztes Wissen über Wirkmechanismen bestand.

Erst mit dem Verständnis von Wirkmechanismen und der Identifizierung der für die Wirkung verantwortlichen Rezeptoren bzw. Transmitter kann heutzutage gezielter Arzneimittelforschung durchgeführt werden.

Ausgangssituation und Herausforderungen im Pharma Marketing

Das Leben der Menschen hat sich in den letzten 100 oder 150 Jahren dramatisch verändert. Während in früheren Zeiten der Lebensunterhalt überwiegend durch einfache Landwirtschaft, Jagd, Handwerk oder Handel bestritten wurde, hat mit der industriellen Revolution eine Spezialisierung begonnen, die das tägliche Leben radikal verändert hat. In allen Lebensbereichen hat eine starke Beschleunigung der Entwicklung stattgefunden. Nie gab es in kurzer Zeit so große Fortschritte, insbesondere in Technik, Naturwissenschaft und Medizin mit erheblichen Konsequenzen auch für das Gesundheitswesen.

Die Lebenserwartung der Menschen ist rasant angestiegen. Ein Lebensalter von 80 oder 90 Jahren ist heutzutage keine Seltenheit, noch vor 100 Jahren lag die durchschnittliche Lebenserwartung in Deutschland unter 50 Jahren. Im Jahr 2019 lag die Lebenserwartung für einen neugeborenen Jungen bei 78,6 Jahren, für ein neugeborenes Mädchen bei 83,4 Jahren. (3.)
Insbesondere über allgemeine Hygienemaßnahmen und mit dem Einsatz von Antibiotika (1941) konnte die Sterblichkeitsrate für aus heutiger Sicht geringfügige Erkrankungen stark vermindert werden. Auch eine Verlagerung von „Handarbeit" auf „Maschinenarbeit" hat zu einer Entlastung und Schonung der Menschen beigetragen.
Nicht nur die durchschnittliche Lebensdauer konnte verlängert werden, sondern auch die Lebensqualität. Menschen mit körperlichen Einschränkungen, wie beispielsweise einer Sehstörung, Diabetes oder einer Gehbehinderung, können heute fast problemlos mit entsprechenden Hilfs- oder Arzneimitteln am gesellschaftlichen Leben teilnehmen.

Andererseits haben die veränderten Lebensumstände auch zu neuen Situationen geführt, die sich negativ auf die Gesundheit der Menschen auswirken. So haben altersbedingte Erkrankungen, wie beispielsweise Krebs, Demenz oder Alzheimer zugenommen, die früher aufgrund der Demographie der Bevölkerung nicht dominant waren.

Eine weitere Entwicklung betrifft die Urbanisierung der Bevölkerung.

Bedingt durch die Industrialisierung wurden kleine Städte zu großen Ballungszentren. Dadurch kam/ kommt es zu einer Zunahme von Lärm, Stress und Luftverschmutzung, was sich wiederum in einer Zunahme von entsprechenden Erkrankungen, wie Schlaflosigkeit, Nervosität, Unruhe oder Asthma ausdrückt.

Auch die veränderten Essgewohnheiten (fast Food, industrielle Fertigprodukte), veränderte Lebensmittel (Lebensmittelzusätze, Lebensmittelverarbeitung) oder die vermehrte Einnahme von Genuss- und Rauschmitteln (Tabak, Alkohol, Drogen) haben ebenso negative Auswirkungen auf die Gesundheit mit Krankheitsbildern, wie beispielsweise Übergewicht, Bluthochdruck, erhöhte Blutfettwerte, Magengeschwür, Lungenkrebs oder Leberzirrhose.

Derzeit sind ca. 55 000 Krankheiten offiziell von der WHO (World Health Organization) erfasst gemäß der „international classification of diseases" (IDC) und sind damit Basis für eine medizinische Diagnose.

Welche Konsequenzen ergeben sich aus den veränderten Lebensbedingungen für die Vermarktung von Arzneimitteln?

Einerseits gibt es immer mehr Menschen, die ein langes Leben führen und dieses Dank Hochleistungsmedizin und hochwirksamen Arzneimitteln auch genießen können.

Andererseits werden dadurch enorme Kosten verursacht, die durch die gesetzlichen Krankenkassen kaum noch finanzierbar sind, insbesondere weil die Gesundheitsausgaben nicht linear mit dem Lebensalter steigen, sondern sich eher exponentiell entwickeln (s. Grafik).

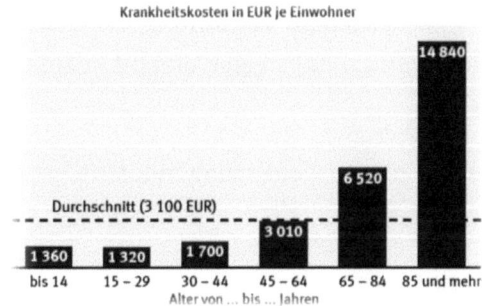

(4.)

Dadurch kommt es zunehmend zu Leistungseinschränkungen und Beteiligungsmodellen für die Patienten.

Warum steigt für die pharmazeutische Industrie das Risiko für die Entwicklung und Vermarktung von Arzneimitteln?

Vor der Vermarktung eines neuen Arzneimittels wird dieses in länderspezifischen Zulassungsverfahren zunehmend kritisch hinsichtlich Entwicklung, klinischen Studien und Herstellung geprüft. Die Anforderungen an Wirksamkeit und Sicherheit und die entsprechende Dokumentation sind dabei in den vergangenen Jahren kontinuierlich gestiegen. Zudem werden in vielen Ländern (u.a. Deutschland) neben medizinisch wissenschaftlichen Aspekten auch wirtschaftliche Faktoren in einer Nutzen- bzw. Zusatznutzenbewertung untersucht und dienen als Maßstab für die Kostenerstattung durch die Krankenkassen.

Die ständig steigenden Anforderungen an Arzneimittel und das in vielen Krankheitsbereichen bereits erreichte hohe therapeutische Niveau führen daher auch zu einem immer größeren Aufwand für die Erforschung und Entwicklung neuer Arzneimittel, der mittlerweile von kleinen Pharmafirmen kaum noch leistbar ist.

Insgesamt nimmt also das Risiko für die Pharmafirmen zu, weil sowohl die Entwicklungskosten, sozusagen als Vorleistung, sowie die Zulassungshürden (Risiko einer Versagung) steigen und die Kostenerstattung unsicher ist.

Welche Chancen bieten sich der pharmazeutischen Industrie heute und in der Zukunft?

Eine veränderte Lebensführung führt zu einer Änderung der Erkrankungen und deren Häufigkeit. Zivilisationskrankheiten nehmen zu. Diese Veränderungen gilt es zu erkennen und entsprechende Angebote/bzw. Produkte zu entwickeln.

Dies betrifft sowohl schwerwiegende Erkrankungen, als auch Befindlichkeitsstörungen oder gar Life-Style Wünsche.

Schwerwiegende Erkrankungen sind Krankheiten, wie beispielsweise Asthma, Bluthochdruck, Krebs, Diabetes, Herzinfarkt oder Schlaganfall.

Befindlichkeitsstörungen sind beispielsweise leichte Kopfschmerzen, Erkältungssymptome oder Sodbrennen.

Life-Style Medikamente dienen nicht der Behandlung von Erkrankungen im eigentlichen Sinn, sondern der Verbesserung des äußerlichen Erscheinungsbilds (Gewichtsabnahme, Haarwuchsmittel), der Leistungsfähigkeit (Muskelaufbau, Potenzmittel) oder des Allgemeinbefindens (Stimmungsaufheller).

Für letztere ergeben sich Chancen in der Vermarktung über die Selbstmedikation in der Apotheke, sofern diese Mittel von den Behörden als unbedenklich bezüglich Arzneimittelsicherheit eingestuft werden und den Status „verschreibungsfrei" erhalten. Manche

Mittel können aufgrund ihrer Zusammensetzung und Anwendung als „freiverkäufliche" Arzneimittel auch außerhalb von Apotheken verkauft werden können.

Dank grosser wissenschaftlicher Fortschritte insbesondere in den Bereichen Medizin, Biologie, Chemie und Pharmazie gibt es ein immer besseres Verständnis über die physiologischen und biochemischen Prozesse von lebenden Organismen. Das trägt dazu bei, dass auch bei der Entwicklung von zukünftigen Arzneimitteln große Fortschritte zu erwarten sind bezüglich Wirksamkeit, Verträglichkeit und Spezifität dieser neuen Mittel.
Dies eröffnet Chancen zur Behandlung von Erkrankungen, die bislang zum Teil noch gar nicht oder sehr unbefriedigend behandelt werden können.

Die pharmazeutische Industrie muss sich also mit den ständigen Änderungen der Lebensführung der Menschen beschäftigen und solche Arzneimittel unter Berücksichtigung der aktuellen wissenschaftlichen Erkenntnisse entwickeln und anbieten, die die aktuellen Erkrankungen und Beschwerden heilen oder lindern.
Für die Vermarktung und Preisfindung dieser Arzneimittel müssen die gesetzlichen Rahmenbedingungen zur Bewerbung und Kostenerstattung berücksichtigt werden.

3. Pharma Markt

Für ein Verständnis des pharmazeutischen Marktes und des Pharma Marketings ist eine Charakterisierung des Marktes nach Produkten, Dienstleistungen, Umsatzbedeutung und Aufteilung von Kosten erforderlich. Dabei sind die absoluten Zahlen, die ohnehin jährlich mehr oder weniger stark variieren, weniger aussagekräftig als vielmehr die Größenordnungen der Beträge und deren Verhältnis untereinander. Die verfügbaren Statistiken arbeiten zudem mit unterschiedlichen Randbedingungen, die einen direkten Vergleich oft erschweren.

Neben einer quantitativen Beschreibung des Marktes ist es auch wichtig, die Veränderungen im Gesundheitsbereich zu verstehen und Trends zu erkennen, um diese bei der Entwicklung und Vermarktung von Arzneimitteln zu berücksichtigen.

Gesundheitsausgaben und Pharma Markt Deutschland

Die Ausgaben für Gesundheitsleistungen in Deutschland lagen in 2018 bei 391 Mrd. Euro. (5.)

Etwa jeweils ein Viertel der Ausgaben sind Aufwendungen für Krankenhäuser und Aufwendungen für Pflege

Die Aufwendungen für Arztpraxen und Arzneimittel liegen bei jeweils etwa 15 %.

Die verbleibenden Mittel von über 60 Mrd. Euro verteilen sich auf Prävention, Unterkunft/Verpflegung, Hilfsmittel, Transporte sowie Verwaltungskosten.

Ausgaben für Gesundheitsleistungen in Deutschland (in Euro)

Pflege/therap. Leistungen	114 Mrd	29 %
Krankenhäuser	97 Mrd.	25 %
Arztpraxen	55 Mrd.	14 %
Arzneimittel	60 Mrd.	15 %
Sonstige	65 Mrd.	17 %
Summe (2018)	391 Mrd.	100 %

(5.) Stat. Bundesamt; Zahlen aus 2018

Pharmaweltmarkt

Der Pharmaweltmarkt hatte im Jahr 2018 ein Volumen von ca. 949 Mrd. Euro, der Anteil Deutschlands beträgt etwa 4 %. (6.)

In der Vergangenheit wurden die weltweiten Pharmaumsätze überwiegend in den Regionen USA, Europa und Japan realisiert. Mittlerweile haben Länder wie Brasilien, Indien und insbesondere China einen bedeutenden Umsatzanteil, bedingt durch die insgesamt starke wirtschaftliche Gesamtentwicklung in diesen Ländern.

China hatte in den letzten Jahren Wachstumsraten bis zu 26 % (2007 -2010) danach 16 % (2010-2015) und lag mit ca. 91 Mrd. Euro Pharmaumsatz in 2015 auf Platz 2 nach USA. (7.)

Pharmaweltmarkt 2018 (in Euro)

Umsatzaufteilung nach Regionen

USA/Kan	384 Mrd.	40 %
China	106 Mrd.	11 %
Europa	273 Mrd.	29 %
Japan	67 Mrd.	7 %
Deutschland	42 Mrd	4 %

(6.) Pharma Daten 2019, BPI

Interessant ist wie sich die weltweiten Pharmaumsätze auf die Behandlung von bestimmten Erkrankungen verteilen.
Auf schwere, lebensbedrohliche Erkrankungen entfallen die größten Umsätze.
Allerdings nur dann, wenn diese Erkrankungen in den hoch entwickelten Ländern auftreten, wo entsprechende Gesundheitssysteme bzw. ausreichend Wohlstand vorhanden ist, um entsprechende Arzneimittel zu bezahlen.
Vor allem gilt dies für Krebserkrankungen, die bedingt durch eine entsprechende Lebensführung, eine vergleichsweise große Verbreitung in den entwickelten Ländern haben.

Des Weiteren sind es insbesondere chronische Erkrankungen bzw. Zivilisationskrankheiten, die große Arzneimittelausgaben verursachen. Wird ein Patient mit Bluthochdruck im Lebensalter von beispielsweise 50 Jahren mit einem blutdrucksenkenden Arzneimittel behandelt, so bedeutet dies in der Regel eine lebenslange tägliche Einnahme eines bestimmten Medikamentes mit entsprechenden Langzeitkosten.

Gleiches gilt für Medikamente zur Cholesterinsenkung, Blutzuckerkontrolle (Diabetes) oder bei Asthma. Dies ist für das Pharmamarketing von besonderer Bedeutung, weil es hier zu einer Bindung an eine bestimmte Produktmarke kommt. Der Patient wird auf ein bestimmtes Produkt „eingestellt", weil Arzt und Patient im Idealfall von der Produktqualität überzeugt und mit dem Produkt zufrieden sind. Ein Wechsel auf ein anderes, eventuell günstigeres Produkt (z.B. ein Generikum) durch den behandelnden Arzt ist mit Unsicherheit und Risiken bezüglich Wirkung und Nebenwirkungen verbunden. Dies erklärt häufig die Markentreue, sowohl von Arzt als auch Patient, selbst wenn damit eine Zuzahlung durch den Patienten in Kauf genommen werden muss (siehe Kapitel 6).

Indikationen

Umsatzbedeutung (weltweit) der größten Indikationen :

Indikation	Umsatz 2018 (Mrd. USD)
Krebsmittel	100
Antidiabetika	79
Atemwegserkrankungen	61
Autoimmunerkrankungen	54
Antibiotika/Impfstoffe	41
Gerinnungshemmer	40
Schmerzmittel	40
Psychische Erkrankungen	36
Immunsupressiva	34
Bluthochdruck	30

(8.) Statista 2020

Pharmakonzerne

Die größten Pharmakonzerne haben ihren Sitz in den USA, Europa oder Japan und agieren allesamt international. Nur so ist es möglich, Umsätze in Mrd. Höhe zu erzielen, um die hohen Ausgaben für Arzneimittelentwicklungen wieder einzuspielen.

Rang	Firma	Land	Umsatz 2019 (Mrd. USD)
1	Johnson & Johnson	USA	82
2	Roche	Schweiz	64
3	Pfizer	USA	52
4	Novartis	Schweiz	47
5	Merck Inc.	USA	47
6	GSK	UK	43
7	Sanofi	Frankreich	36
8	Abbvie	USA	33
9	Takeda	Japan	30
10	Bayer	Deutschland	27

(9.) Fierce Pharma, Top pharma companies by 2019 revenues

Blockbuster

Arzneimittel mit einem Umsatzvolumen im Bereich von 1 Mrd. (Euro oder USD) werden als „Blockbuster" Arzneimittel bezeichnet. Die weltweit umsatzstärksten Arzneimittel finden sich erwartungsgemäß in den Indikationen, die bereits in Zusammenhang mit den größten Indikationsgruppen genannt wurden. Die Umsätze pro Arzneimittel liegen hier zwischen 4 und 14 Mrd. USD.

Bereits 7 der Top 10 Arzneimittel sind Biopharmazeutika. Dies entspricht einem Trend zur zunehmenden Bedeutung dieser vergleichsweise neuartigen Mittel.

Umsatzstärkste Arzneimittel

Nachfolgend sind die 10 umsatzstärksten Arzneimittel (Weltumsatz) aufgelistet.

Top Arzneimittel in 2018

Platz	Name (Wirkstoff)	Indikation	Firma	Umsatz 2018 (Mrd. USD)
1	Humira® (Adalimumab)	Arthritis	AbbVie	13,7
2	Revlimid® (Lenalindomid)	Onklogie	Celgene	6,5
3	Enbrel® (Etanercept)	Arthitis	Amgen / Pfizer	4,8
4	Rituxan® (Rituximab)	Onkologie	Roche	4,26
5	Opdivo® (Nivolumab)	Onkologie	BMS	4,2
6	Keytruda® (Pembrolizumab)	Onkologie	Merk Inc.	4,2
7	Imbruvica® (Ibrutinib)	Onkologie	Abbvie, J&J	4,1
8	Eylea® (Afibercept)	Macula Degeneration	Regeneron, Bayer	4,1
9	Neulesta® (Pegfilgrastim)	Onkologie	Amgen	3,9
10	Eliquis® (Apixaban)	Schlaganfall Prpphylaxe	BMS	3,8

BMS = Bristol-Meyrs-Squibb   J&J = Johnson & Johnson

(10.) Fierce Pharma, , The top selling drugs of 2018

Pharma Trends

Wie entwickelt sich der pharmazeutische Weltmarkt?
Gibt es Veränderungen die bei der Vermarktung von Arzneimitteln berücksichtigt werden müssen?

Der Pharmamarkt war lange Zeit geprägt durch hohe Wachstumsraten. Diese lagen im Bereich zwischen 5 und 10 %. Die Wachstumsraten in anderen Industriebranchen lagen dagegen in den Vergleichszeiträumen zum Teil deutlich darunter. Mittlerweile sinken aber auch im Pharmamarkt die Wachstumsraten.

Im Zeitraum zwischen 2012 und 2017 lagen die Wachstumsraten für verschreibungspflichtige Arzneimittel zum Teil deutlich unter 5 %. In den Jahren 2012 und 2015 wurde ein Umsatzeinbruch von 1,7 beziehungsweise 1,1 % im Vergleich zum Vorjahr festgestellt (11).

Durch den bereits erwähnten medizinisch/ pharmazeutischen Fortschritt einerseits und die höhere Lebenserwartung andererseits haben die Gesundheitsausgaben weltweit stark zugenommen und belasten die öffentlichen Budgets zur Erstattung der Gesundheitsleistungen. Daher gibt es mittlerweile in vielen Ländern erhebliche Bemühungen die Kosten für Gesundheitsausgaben zu reduzieren. Dies gilt insbesondere für die Aufwendungen zur Erstattung von Arzneimitteln.

In Kapitel 6 wird dies ausführlicher für den Standort Deutschland behandelt.

Weil die Pharmaumsätze in den traditionellen Regionen USA, Europa und Japan stagnieren, werden Schwellenländer für die Pharmafirmen immer wichtiger. Dadurch kommt es sowohl zu einer Veränderung der Umsatzverteilung als auch zu einer Änderung des Angebots an Arzneimitteln, das sich an den speziellen Bedürfnissen dieser Länder orientieren muss.

Allerdings wird in den kommenden Jahren wieder ein stärkeres Wachstum der Pharmaumsätze erwartet. Diese Prognose wird am Ende dieses Kapitels in einem Outlook vorgestellt.

Welche technologischen Trends gibt es im Pharmamarkt? Welche Auswirkungen hat dies für die Vermarktung?

Chemisch definierte Wirkstoffe, die durch chemische Synthese hergestellt werden können, waren lange Zeit die Basis der Pharmaindustrie. Diese Substanzen hatten in der Regel eine noch nicht ausreichende Spezifität und Selektivität hinsichtlich ihrer Wirkung mit einem entsprechend ungünstigen Nebenwirkungsprofil.

Durch ein mittlerweile besseres Verständnis der Wirkmechanismen auf molekularer Ebene ist man heute in der Lage Arzneimittel zu entwickeln, die immer spezifischer wirken und damit auch besser verträglich sind (weniger Nebenwirkungen).

Große Moleküle wie z.B. Proteine, die mit den Methoden der modernen Biotechnologie hergestellt werden, spielen in diesem Zusammenhang eine immer wichtigere Rolle (siehe Liste der Top Arzneimittel).

Im nächsten Schritt, der heute zum Teil bereits Realität ist, wird die Spezifität neuer Wirkstoffe so gesteuert, dass bei einer bestimmten Indikation (z. B. Darmkrebs) nur eine Untergruppe von Patienten mit bestimmten genetischen Voraussetzungen (Genmutation) wirksam behandelt werden kann. Dies entspricht dann einer „personalisierten Medizin".

Entsprechend aufwendig ist dann die Vermarktung dieser spezifischen Arzneimittel, da der Kreis möglicher Patienten erheblich eingeschränkt ist.

Gibt es alternative pharmazeutische Methoden ?

Zukünftig werden neben den klassischen Arzneimitteln (inkl. Biopharmazeutika) auch andere Methoden eingesetzt, die sich derzeit teilweise noch im Forschungsstadium befinden, um Erkrankungen zu behandeln, zu vermeiden oder zu diagnostizieren.

Diese werden als ATMP's (Advanced Therapeutic Medicinal Products) zusammengefasst und beinhalten folgende Verfahren:

Gentherapie:

Die aktive Substanz besteht aus einer rekombinanten Nucleinsäure, die appliziert wird, um die genetische Sequenz zu steuern, reparieren, ersetzen, ergänzen oder zu beseitigen. Ziel ist ein kausaler Therapieansatz um eine Erkrankung permanent „auszuschalten".

Bei Erbkrankheiten könnte damit gegebenenfalls ein genetischer Defekt beseitigt werden.

Somatische Zelltherapie:

Substantielle Veränderung von körpereigenen Zellen oder Geweben mit dem Ziel einer Behandlung, Prävention oder Diagnose.
Beispielsweise können T-Zellen (Killerzellen) entnommen werden, ex vivo expandiert (vermehrt) und dann wieder dem Körper zugeführt werden. So wird die Anzahl dieser T-Zellen künstlich erhöht und damit die Immunantwort des Körpers gegen Krebszellen verbessert.

Tissue Engeneering:

(=biotechnologisch bearbeitete Gewebe)

Substanzielle Veränderung von Zellen oder Geweben mit dem Ziel menschliches Gewebe zu erneuern, zu reparieren oder zu ersetzen.
Beispielsweise können Hautzellen (Keratinozyten) entnommen werden, in-vitro vermehrt und bei starken Hautverletzungen (Verbrennungen) einem Empfänger eingesetzt (transplantiert) werden.

Die ATMP Methoden sind überwiegend auf einen ganz bestimmten und begrenzten Patientenkreis ausgerichtet und sind somit ein weiteres Beispiel einer „personalisierten Medizin".

Welche Rolle spielen „vernachlässigte Erkrankungen" im Pharma Marketing?

Trotz weltweiter Ausgaben von ca. 200 Mrd. USD pro Jahr für Erforschung und Entwicklung neuer Arzneimittel(12) und trotz Zulassung von zahlreichen neuen Arzneimittel pro Jahr können viele Erkrankungen nicht bzw. nicht ausreichend mit Medikamenten behandelt werden.
Hauptgrund ist sicher, dass diese „vernachlässigten Erkrankungen" (rare diseases) in kleinen Fallzahlen (<0,05% der Bevölkerung) auftreten. Folglich besteht die Befürchtung innerhalb der pharmazeutischen Industrie, dass die Entwicklungsinvestitionen nicht ausreichend kompensiert werden. Daneben gibt es Erkrankungen, die hauptsächlich in Entwicklungsländern auftreten, in denen nur geringe Preise für Behandlung und Medikamente erzielt werden

können.

Da die pharmazeutischen Unternehmen privatwirtschaftlich agieren, gibt es eine große Zurückhaltung, in die Erforschung dieser Erkrankungen zu investieren.

Der sogenannte „orphan drug" Status ist ein Anreiz durch den Gesetzgeber, Pharmafirmen zu motivieren, entsprechende Entwicklungsprogramme zu starten. (13.)

Konkret bedeutet dieser Status, eine 10 jährige Vermarktungsexklusivität unabhängig vom Patentschutz. Darüber hinaus können die Zulassungsgebühren erlassen beziehungsweise reduziert werden. Eine vereinfachte oder abgekürzte Arzneimittelentwicklung ist damit allerdings nicht möglich.

In manchen Fällen werden auch Finanzmittel von Regierungen oder internationalen Organisationen (z.B. World Health Organisation (WHO)) zur Verfügung gestellt, um „vernachlässigte Erkrankungen" zu erforschen.

Die Ebola Epidemie 2014/15 wäre sicher früher und besser beherrscht worden, wenn für die Pharmaunternehmen im Vorfeld ausreichend Anreiz bestanden hätte, entsprechende Arzneimittel zu entwickeln.

Die Ebola Epidemie hat allerdings auch gezeigt, dass sich eine vermeintlich lokale Erkrankung, bei der sich die Entwicklung eines Arzneimittels für ein Pharmaunternehmen „nicht lohnt", durch die globale Reisetätigkeit der Menschen sehr rasch international verbreiten kann. So werden auch Länder erreicht, die für sich betrachtet diesbezüglich als „sicher" galten und in denen ggf. die Forschungsaufwendungen kompensiert werden können.

Die Covid 19 Pandemie mit Beginn 2020 stellt hier geradezu ein extremes Gegenbeispiel dar. Aufgrund der sehr schnellen weltweiten Verbreitung und der sehr hohen Infektions- und Todeszahlen entstand ein großer gesellschaftlicher und politischer Druck um schnellstmöglich einen Impfstoff zu entwickeln.
International wurden zahlreiche Impfstoffprojekte initiiert, finanzielle Mittel wurden zur Nebensache.
Was zuvor unvorstellbar war wurde Realität. In weniger als einem Jahr wurden ein Impfstoffe zur Bekämpfung des Virus entwickelt und von den Genehmigungsbehörden in USA und Europa zugelassen.

Fallanalyse der Unternehmensberatung Ernst & Young (2012). (14.)

Die zitierte Analyse zeigt die Probleme der großen internationalen Pharmakonzerne in den zurückliegeneden Jahren auf. Untersucht wurden die 20 weltweit umsatzstärksten Pharmaunternehmen in den Kalenderjahren 2011 und 2012.

Ergebnis

Die Umsätze stagnieren beziehungsweise sind leicht rückläufig.
Der Gewinn (EBIT = earnings before interest and taxes) geht zurück, ebenso die Gewinnmarge. Diese ist mit ca. 25 % zwar immer noch sehr hoch, aber auch notwendig, um die hohen F&E Aufwendungen und Risiken abzusichern.
Durch die ständig steigenden Anforderungen an neue Arzneimittel steigen die Ausgaben für Forschung und Entwicklung (F&E) allerdings stärker als die Umsätze die, wie festgestellt, eher stagnieren.

Ursachen

Die Gründe für diese Entwicklungen liegen einerseits in den sinkenden Produktpreisen aufgrund von Kostendämpfungsmaßnahmen in den jeweiligen Ländern. Andererseits führt auch ein zunehmender Wettbewerb zu einer Stagnation der Umsätze trotz entsprechend hoher Marketingaufwendungen.

Die Erschließung neuer Märkte kann ein Weg zur Lösung dieser Probleme sein. Dies erfordert jedoch erst einmal hohe Investitionen zum Aufbau von Marketing- und Vertriebsstrukturen. Bei den Wachstumsmärkten handelt es sich aber meist um Schwellenländer, in denen das Preisniveau ohnehin vergleichsweise gering ist und in denen sich langfristig nur über entsprechende Mengen und eine Markenbekanntheit attraktive Vermarktungsmöglichkeiten eröffnen.

Des Weiteren muss für die nächsten Jahre mit einem Patentablauf für zahlreiche umsatzstarke Arzneimittel gerechnet werden. Damit erlischt die Vermarktungsexklusivität dieser Produkte. Der Eintritt von Generika wird möglich, was zu einem Preisverfall und Umsatzrückgang der jeweiligen Produkte führen wird.

Auch die F&E Produktivität sinkt. Bereits angesprochen wurden die steigenden regulatorischen Anforderungen an neue Arzneimittel, um eine Marktzulassung zu erlangen. In vielen umsatzträchtigen Indikationsbereichen gibt es auch bereits ein ausreichendes Niveau an Therapiealternativen, eine weitere Steigerung der Behandlungsqualität ist nur durch überproportionale Anstrengungen/ Aufwendungen möglich.

Der Eintritt in ein neues Indikationsgebiet erfordert große Vorleistungen, um die Grundlagen für eine erfolgreiche Produktentwicklung oder Vermarktung zu schaffen. Ist das neue Indikationsgebiet umsatzmäßig interessant, dann gibt es zahlreiche Mitbewerber, die sich bereits etabliert haben, entsprechende F&E Projekte forcieren und ihre Kompetenz auch bei der Vermarktung ihrer Produkte ausnutzen, um Konkurrenten abzuwehren.

Kooperationen mit kleineren innovativen Biotech Firmen beziehungsweise Forschungseinrichtungen sind alternative Wege im F&E Bereich, um neue Technologien oder Ansätze für neue Produkte zu erschließen. Allerdings müssen diese externen Partner auch finanziert und an einem Entwicklungserfolg beteiligt werden, was sich wiederum negativ auf die Rentabilität auswirkt.

Maßnahmen

Die festgestellten Probleme veranlassetn die Pharmakonzerne zu Gegenmaßnahmen.

Erster Schritt sind meist strukturelle Maßnahmen zur Effizienzsteigerung:

Verwaltungsstrukturen werden verschlankt, Fachbereiche zusammengelegt.

Diese Maßnahmen sind meist verbunden mit Personalreduktionen und damit schnell wirksam.

Auch eine Fokussierung auf das sogenannte Kerngeschäft bzw. die Kernkompetenzen ist ein häufig zu findendes Vorgehen. Aktivitäten, die wenig rentabel sind, werden eingestellt, ausgegliedert oder möglicherweise verkauft. Oft sind diese Aktivitäten in einem anderen Umfeld beziehungsweise in einem anderen Unternehmen, das sich entsprechend spezialisiert hat, wieder rentabel.

Allgemeine Maßnahmen zur Kostensenkung und damit zur Verbesserung der Profitabilität sind in Krisenzeiten ohnehin unerlässlich. Wichtig ist allerdings, dass durch die Kosteneinsparungen nicht der Fortbestand und die Weiterentwicklung des Unternehmens gefährdet werden.

Schließlich kann auch mittels einer Vorwärtsstrategie eine Pharma-firma wieder auf Wachstumskurs gebracht werden, wenn gezielt eine kleine Firma mit geeigneten Produkten oder einer Schlüssel-technologie gekauft wird und somit das eigene Produktsortiment sinnvoll ergänzt wird, beziehungsweise die eigene Entwicklungs-pipeline abgesichert wird (Akquisition).

Ebenso kann auch die Verschmelzung (Merger) zweier etwa gleich großer Firmen unter Ausnutzung von entsprechenden Synergien zu einer Stabilisierung des Geschäftes führen. In Kapitel 9 wird auf die Vor- und Nachteile eines derartigen Vorgehens näher eingegangen.

Die dargestellten Veränderungen des Pharmamarktes und die Reak-tionen der Firmen werden in den nächsten Jahren das Bild der phar-mazeutischen Industrie prägen und sich insbesondere auch auf die Vermarktung der Arzneimittel auswirken.

Kostenträger und Patienten rücken in den Vordergrund.

Im Markt der verschreibungspflichtigen Arzneimittel wurde bislang die Produktauswahl durch den Arzt vorgenommen. Künftig werden die Patienten hier mehr Einfluss nehmen. Über Internetforen und Patientenorganisationen können sich Patienten vernetzen, um sich über bestimmte Therapien und Produkte zu informieren. Dies er-möglicht es, den Arzt gezielt anzusprechen, ein bestimmtes Arznei-mittel zu verordnen („der aufgeklärte Patient"). Dies wird sich dann auch auf den Wettbewerb auswirken.

Eine zunehmende Bedeutung kommt der Diskussion zwischen Arz-neimittelherstellern und den Kostenträgern (Krankenkassen) zur Wirtschaftlichkeit der Produkte zu. Nur bei nachgewiesenem Zusatz-nutzen wird ein höherer Preis als beim Vergleichspräparat akzep-tiert. Als gleich oder vergleichbar wirksam eingestufte Produkte werden leichter austauschbar, der Preis wird damit entscheidend für den Wettbewerb.

Über die Beteiligung der Patienten an den Arzneimittelkosten werden neue Marketingstrategien resultieren, die stärker als bislang auf die Patienten fokussieren und seine persönliche Produkterfahrung in die Vermarktung der Produkte einfließen lassen. Der Patient wird damit indirekt Einfluss auf die Auswahl des Produktes und den Preis nehmen.

Das Pharma Marketing wird sich diesen Veränderungen anpassen müssen und zukünftig stärker als bislang seine Marketingaktivitäten auch für verschreibungspflichtige Arzneimittel auf den Patienten ausrichten.

Eine neuere Analyse von Ernest & Young aus 2017 bestätigt im Wesentlichen diesen Trend. (15.)

Die Umsätze der großen Pharmakonzerne wuchsen nur marginal (2,6 % in 2016), es bleibt eine Wachstumslücke, die über Merger & Akquisition geschlossen werden müsste.

In einem Ausblick wird dargestellt, wie die Digitalisierung auch das Gesundheitswesen beeinflussen wird:

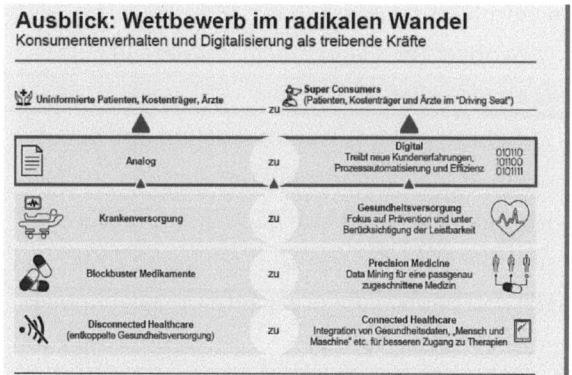

Die zunehmende Vernetzung von Daten im Gesundheitswesen wird letztlich zu einer besseren Versorgung der Patienten mit Gesundheitsleistungen führen. Durch eine verbesserte Information sowohl über den Patienten als auch durch den Patienten kann beispielsweise durch eine bessere Anwendungstreue und zielgerichtete Einstellung eines Arzneimittels die Qualität und Effizienz des Arzneimittels gesteigert werden. Insgesamt können über ein verbessertes Feedback von Patient und Arzt auch die Produkte der pharmazeutischen Industrie und der dazugehörige Produktservice optimiert werden.

Wegen der zunehmenden Bedeutung der Digitalisierung auch im Gesundheitswesen wurde diesem Thema ein separates Kapitel 12 gewidmet.

Outlook (2018 – 2024)
(11)

Auf der Basis von neuen Therapieangeboten für Erkrankungen die bislang nicht oder nur unzureichend behandelt werden konnten, wird mit einem beschleunigten Pharmawachstum für den Zeitraum 2018 bis 2024 gerechnet. So wurde beispielsweise ein sprunghafter Anstieg von Arzneimittelzulassungen durch die amerikanische Zulassungsbehörde in 2017 beobachtet. Demzufolge wurden 55 Zulassungen erteilt, im Jahr zuvor lediglich 27.
Durch die weltweite Zunahme von Krebserkrankungen und einem wachsenden Angebot von Arzneimittelprodukten wird für den Outlook Zeitraum ein jährliches Wachstum von 12 % im Indikationsgebiet Onkologie erwartet. Die Liste der top 10 Produkte in 2024 (siehe unten) zeigt sehr anschaulich die erwartete Umsatzentwicklung einzelner Produkte.
Ein Umsatzzuwachs soll es auch im Bereich der seltenen

Erkrankungen (orphan drugs) geben. Laut Analyse ein Umsatzbeitrag von 124 Mrd. USD. Dies ist insofern plausibel, weil in einer Reihe von Therapiegebieten ein ausreichendes Behandlungsniveau erreicht wurde und die pharmazeutischen Unternehmen mehr oder weniger gezwungen sind neue Therapiegebiete zu erschließen, die abseits der bekannten und umsatzträchtigen Bereiche liegen. Im Fall von schwerwiegenden Erkrankungen und bei nachgewiesenem therapeutischen Erfolg wird auch bei kleineren Fallzahlen ein rentables Geschäft erwartet.

Insgesamt soll sich der Markt der verschreibungspflichtigen Arzneimittel um mehr als 40 % von 2018 bis 2024 erweitern und einen Jahresumsatz von 1200 Mrd. USD erreichen.
Dies entspricht einem jährlichen Wachstum von 6,4 %.

Wenn diese Prognosen so eintreffen, dann hat die pharmazeutische Industrie die Phase der Konsolidierung überwunden und befindet sich wieder auf Wachstumskurs.

Die Top 10 Arzneimittel in 2024 (in Mrd USD)

Rang	Produkt	Indika-tion	Firma	Um-satz 2017	Umsatz 2024
1	Humira® (Ada-limumab)	Arthritis.	AbbVie/ Esai	18,9	15,2
2	Keytruda® (Pembrolizu-mab)	Onkolo-gie	Merck Inc./ Otsuka	3,8	12,7
3	Revlimid® (Lenalindo-mid)	Onkolo-gie	Celgene/ Beigene	8,2	11,2
4	Opdivo® (Nivolumab)	Onkolo-gie	BMS/ Ono	5,7	11,2
5	Eliquis® (Apixaban)	Schlagan-fall Prophy-laxe	BMS	4,9	10,5
6	Imbruvica® (Ibrutinib)	Onkolo-gie	AbbVie/ J&J	3,2	9,6
7	Ibrance® (Palbociclib)	Onkolo-gie	Pfizer	3,1	8,3
8	Dupixent® (Dupilumab)	Dermati-tis	Sanofi	0,25	8,1
9	Eylea® (Afibercept)	Macula Degene-ration	Regene-ron/ Bayer/ Santen	6,3	6,8
10	Stelara® (Usteki-numab)	Psoriasis	J&J	4,0	6,5

BMS = Bristol-Meyrs-Squibb   J&J = Johnson & Johnson

4. Regulatorische Grundlagen

Der Pharmamarkt unterscheidet sich von anderen Märkten durch einen hohen Grad an Regulierung durch den Gesetzgeber. Dies erscheint einerseits notwendig, um einen Missbrauch und die unkontrollierte Verbreitung und Vermarktung von Arzneimitteln zu begrenzen. Andererseits stellen die Regularien hohe Hürden für die Hersteller dar und es bedarf neben der wissenschaftlichen Sachkenntnis bezüglich der Arzneimittel eine sehr guten Kenntnis des regulatorischen Umfeldes, um die Produkte gesetzeskonform zu vermarkten.

Das Image der pharmazeutischen Industrie hat durch Unregelmäßigkeiten bei der Vermarktung von Arzneimitteln in der Vergangenheit zum Teil stark gelitten.

Daher haben die Hersteller die Initiative ergriffen und sich selbst weitere Beschränkungen in Form eines Verhaltenskodex auferlegt, um die Vermarktung von Arzneimitteln zu überwachen.

Diese Regelungen betreffen insbesondere die Zusammenarbeit zwischen der pharmazeutischen Industrie und der Ärzteschaft bzw. den Klinikverwaltungen und die Zusammenarbeit mit Patientenorganisationen.

Arzneimittelgesetz

Historische Entwicklung (16.)

Bis 1961 gab es in Deutschland kein eigenes Arzneimittelgesetz. Einzelne Aspekte des Arzneimittelrechtes wurden in unterschiedlichen Vorschriften geregelt. Einen ersten Entwurf eines Gesetzes gab es bereits 1928, der, vermutlich bedingt durch die politischen Veränderungen und schließlich bedingt durch den 2. Weltkrieg, nie umgesetzt wurde.

Das Arzneimittelgesetz von 1961 wurde dann vor dem Hintergrund der sogenannten „römischen Verträge der EU" etabliert, die eine Angleichung der europäischen Rechtsvorschriften forderten.

Damit verbunden war dann auch die Einrichtung eines Gesundheitsministeriums.

Inhaltlich war dieses erste Arzneimittelgesetz vergleichsweise schwach, insbesondere deshalb, um der durch den verlorenen Krieg geschwächten deutschen pharmazeutischen Industrie nicht noch weitere Hürden aufzuerlegen und dadurch vor der internationalen Konkurrenz zu schützen.

So gab es beispielsweise keine Verpflichtung zur systematischen Prüfung von Sicherheit und Wirksamkeit von neuen Arzneimitteln. Statt der heute üblichen klinischen Prüfungen gab es lediglich in geringem Umfang ärztliche Prüfungen, die eher einem Erfahrungsbericht über die Anwendung glichen.

Ausgelöst durch die Contergan Fälle die ziemlich genau zum Zeitpunkt der Einführung des Arzneimittelgesetzes auftraten, gab es sehr schnell Forderungen, die Arzneimittelsicherheit zu verbessern. Contergan war ein Schlafmittel, das aufgrund seiner guten Wirksamkeit auch schwangeren Frauen verordnet wurde. Bei den Neugeborenen kam es allerdings zu schweren Missbildungen. Die Verfahren bezüglich Entschädigung der Opfer dieser Vorfälle haben Jahrzehnte gedauert und wurden schließlich im Vergleich beendet.

Allerdings nahm sich der Gesetzgeber weitere 15 Jahre mit der Novellierung des Gesetzes Zeit, bis ein neues Gesetzeswerk erstellt und verabschiedet wurde, das mit zahlreichen Änderungen bis heute gültig ist:

„Gesetz zur Neuordnung des Arzneimittelrechts" vom 24. August 1976 (17.)

(kurz: Arzneimittelgesetz oder AMG)

Zentrales Thema des AMG ist der Schutz der Gesundheit der Bevölkerung.

Dies wird insbesondere erreicht durch hohe Anforderungen an die Sorgfalt im Umgang mit Arzneimitteln durch die pharmazeutische Industrie, Apotheken und Ärzteschaft.

Detailliert geregelt werden Herstellung, Inverkehrbringen, Prüfung, Verschreibung, Aufklärung (Packungsbeilage, Fachinformation) und Abgabe von Arzneimitteln.

Zuwiderhandlungen werden streng geahndet und sind neben Ordnungswidrigkeiten zum Teil Straftaten, die mit Freiheitsentzug sanktioniert werden können.

Kerninhalte des AMG

Eine ausführliche Behandlung oder gar Interpretation des AMG ist an dieser Stelle nicht beabsichtigt. Vielmehr soll ein kurzer Einblick über wesentliche Aspekte vermittelt werden, sofern sie von Interesse und Bedeutung in Zusammenhang mit der Vermarktung von Arzneimitteln sind.

Definition des Arzneimittelbegriffs (§ 2):

Arzneimittel sind Stoffe oder Zubereitungen aus Stoffen
die zur Anwendung im oder am menschlichen oder tierischen Körper bestimmt sind und als Mittel mit Eigenschaften zur Heilung oder Linderung oder zur Verhütung menschlicher oder tierischer Krankheiten oder krankhafter Beschwerden bestimmt sind oder
die im oder am menschlichen oder tierischen Körper angewendet oder einem Menschen oder einem Tier verabreicht werden können, um entweder die physiologischen Funktionen durch eine pharmakologische, immunologische oder metabolische Wirkung wiederherzustellen, zu korrigieren oder zu beeinflussen oder eine medizinische Diagnose zu erstellen.

In der weiteren Ausführung des AMG wird dann der Arzneimittelbegriff weiter detailliert bzw. abgegrenzt. So sind beispielsweise Lebensmittel, Futtermittel, Kosmetika oder Medizinprodukte keine Arzneimittel.

Für die Vermarktung ist es entscheidend, ob ein Mittel die Arzneimitteldefinition erfüllt und ob damit bestimmte Einschränkungen gelten.
Als Arzneimittel gemäß AMG gelten dann die Anforderungen an die Arzneimittel (§ 5 – 12), die unter anderem Kennzeichnung, Packungsbeilage und Fachinformation detailgenau beschreiben.

Herstellung und Zulassung von Arzneimittel (§ 13 – 37) sowie deren klinische Prüfung (§40 – 42) regeln die Pflichten bzw. Auflagen der pharmazeutischen Unternehmer.

Abgabe von Arzneimittel (§ 43 – 53) ist relevant für die Vermarktung, weil hier Angaben zur Apothekenpflicht von Arzneimitteln gemacht werden bzw. Ausnahmen beschrieben werden, wann ein Arzneimittel freiverkäuflich ist.

Ebenso wird die Verschreibungspflicht durch den Arzt geregelt bzw. Ausnahmen, die eine Abgabe durch den Apotheker ohne Rezept ermöglichen.

Zusammenfassend lässt sich feststellen, dass zunächst alle Arzneimittel der Apothekenpflicht unterliegen, also nur über eine Apotheke abgegeben werden dürfen. Mittel die zu anderen Zwecken, als zur Beseitigung oder Linderung von Krankheiten, Leiden, Körperschäden oder krankhaften Beschwerden dienen, dürfen außerhalb der Apotheke abgegeben/ verkauft werden. Damit wird die Arzneimitteldefinition gemäß AMG gewissermaßen ausgehebelt und die „freiverkäuflichen Arzneimittel" erhalten so einen anderen Status, der eine weniger regulierte Vermarktung ermöglicht.

So sind beispielsweise Heilwässer, Heilerde, Pflanzen und Pflanzenteile oder Pflaster sowie Mund- und Rachendesinfektionsmittel freiverkäuflich.

Des Weiteren gilt für alle Arzneimittel zunächst die Verschreibungspflicht, sofern diese vom Gesetzgeber nicht explizit aufgehoben wurde. Die Verschreibungspflicht kann frühestens nach 3 Jahren aufgehoben werden, wenn die Sicherheit und Unbedenklichkeit eines bestimmen Arzneimittels nachgewiesen wird.

Arzneimittel, die der Verschreibungspflicht unterliegen dürfen gemäß den Vorgaben des Heilmittelwerbegesetzes (HWG) nur bei Fachkreisen (Ärzte, Apotheker, Angehörige der Heilberufe) beworben werden.

Arzneimittel, die nicht der Verschreibungspflicht unterliegen (verschreibungsfreie Arzneimittel), können über Hersteller und Apotheker beim Patienten / Käufer gemäß den Vorgaben des Heilmittelwerbegesetzes (HWG) beworben werden.

Der Arzneimittelstatus ist an der Kennzeichnung der Arzneimittelpackung eindeutig zu erkennen: Verschreibungspflichtige Arzneimittel haben den Vermerk „verschreibungspflichtig", verschreibungsfreie Arzneimittel lediglich den Vermerk „apothekenpflichtig" und freiverkäufliche Arzneimittel haben keinen Vermerk zum Arzneimittelstatus.

Die Vertriebswege für Arzneimittel gemäß der Definition des AMG beschränken sich auf Pharma Großhandel und Apotheken (inkl. der Krankenhausapotheken) (§ 47).

Weitere wichtige Aspekte für die Vermarktung von Arzneimitteln betreffen Einfuhr und Ausfuhr (§ 72 -74), sowie Informationen über Arzneimittel durch den Informationsbeauftragten und Pharmaberater (§ 74a – 76).

Import/ Export von Arzneimitteln ist prinzipiell möglich. Für den gewerbsmäßigen Import aus Nicht-EU-Staaten bedarf es einer Einfuhrerlaubnis, sowie Zertifikaten bezüglich Qualität und Identität. Für Arzneimittel, die durch die EMA (European Medicines Agency) zentral zugelassen sind, ist ein Import aus anderen EU-Staaten ohne zusätzliche Genehmigung möglich (Parallelimport). National in EU-Staaten zugelassene Arzneimittel bedürfen für den Parallelimport einer Arzneimittelzulassung im Einfuhrland.

Darüber hinaus muss die Einfuhr im Einklang mit dem öffentlichen Interesse sein. Dies ist sicher dann der Fall, wenn über Importe oder Reimporte günstigere Preise resultieren, die die gesetzlichen

Krankenkassen weniger stark belasten.

Generell besteht die Möglichkeit des Imports eines Arzneimittels über eine internationale Apotheke für den individuellen Bedarf eines Patienten.

Verantwortlich für die wissenschaftlichen Informationen über ein Arzneimittel (inklusive der Werbeaussagen) ist der Informationsbeauftragte eines pharmazeutischen Unternehmens, der unter Nachweis einer entsprechenden Qualifikation der Behörde gemeldet werden muss.

Auch der Pharmaberater, der als Außendienstmitarbeiter den Arzt über die Arzneimittel wissenschaftlich informiert, muss gemäß AMG „sachkundig" sein und über eine entsprechende Qualifikation (Hochschulabschluss oder Abschluss als technischer Assistent in Medizin, Pharmazie, Biologie oder Chemie; Apothekerassistent; Ausbildung zum Pharmareferent) verfügen.

Die genannten Aspekte/ Begriffe des AMG sind wichtig für das Grundverständnis von Pharmamarketing und werden in den nachfolgenden Kapiteln wieder aufgenommen und in einen entsprechenden Zusammenhang gebracht.

Heilmittelwerbegesetz (HWG)

Das Gesetz über die Werbung auf dem Gebiet des Heilwesens (Heilmittelwerbegesetz – kurz: HWG) wurde initial 1965 ausgefertigt. (18.) Das Gesetz findet Anwendung auf die Werbung für Arzneimittel im Sinne des § 2 des Arzneimittelgesetzes.

Darüber hinaus findet es Anwendung auf Medizinprodukte im Sinne des § 3 des Medizinproduktegesetzes, sowie auf andere Mittel, Verfahren, Behandlungen und Gegenstände, soweit sich die Werbeaussage auf die Erkennung, Beseitigung oder Linderung von Krankheiten, Leiden, Körperschäden oder krankhaften Beschwerden bei Mensch oder Tier bezieht, sowie operative plastisch-chirurgische Eingriffe, soweit sich die Werbeaussage auf die Veränderung des menschlichen Körpers ohne medizinische Notwendigkeit bezieht. Andere Mittel können demzufolge auch kosmetische Mittel oder Gegenstände zur Körperpflege sein.

Wichtig ist also, dass der Gültigkeitsbereich des HWG sich nicht nur auf Arzneimittel erstreckt, sondern wesentlich breiter ist.

Im HWG wird unterschieden, ob sich eine Werbung an Fachkreise wendet oder ob die Zielgruppe außerhalb der Fachkreise liegt.

Fachkreise sind die Angehörigen der Heilberufe oder des Heilgewerbes, Einrichtungen, die der Gesundheit von Mensch und Tier dienen, oder sonstige Personen, soweit sie mit Arzneimitteln, Medizinprodukten, Verfahren, Behandlungen, Gegenständen oder anderen Mitteln erlaubterweise Handel treiben, oder sie in Anwendung ihres Berufes anwenden.

So gehören Ärzte und Apotheker zu Fachkreisen, aber auch medizinisches Pflegepersonal, Rettungsassistenten oder Heilpraktiker. Die Patienten bzw. Käufer von verschreibungsfreien Arzneimitteln liegen außerhalb der Fachkreise.

Für verschreibungspflichtige Arzneimittel darf nur in Fachkreisen geworben werden.

Bei einer Werbung außerhalb der Fachkreise ist der Text „ Zu Risiken und Nebenwirkungen lesen Sie die Packungsbeilage und fragen Sie Ihren Arzt oder Apotheker" gut lesbar und abgesetzt anzugeben. Bei einer TV Werbung muss der o.g. Text vor einem neutralen Hintergrund angezeigt und gleichzeitig gesprochen werden.

Für eine Erinnerungswerbung (Werbung mit dem Produkt- und Firmennamen) kann der o.g. Text entfallen.

Unzulässig ist eine irreführende Werbung, insbesondere betrifft dies Aussagen bezüglich:

- therapeutischer Wirksamkeit
- Erfolgszusicherung
- Fehlen oder Ausbleiben von Nebenwirkungen
- Nutzung zu Zwecken des Wettbewerbes
- Unwahrheit (z.B. bezüglich Zusammensetzung
  oder Beschaffenheit von Arzneimitteln)
- Täuschung (z.B. Erfolge des Herstellers)

Außerhalb von Fachkreisen darf unter anderem nicht geworben werden:

- mit bekannten Personen (z.B. Schauspieler), da dies den
  Arzneimittelverbrauch anregen könnte
- mit Werbemaßnahmen, die sich ausschließlich oder überwiegend
  an Kinder unter 14 Jahren richten
- durch Abgabe von Arzneimitteln, Mustern oder Proben
- mit Preisausschreiben oder Verlosungen

Darüber hinaus darf außerhalb von Fachkreisen nicht geworben werden, wenn sich Krankheiten oder Leiden auf folgende Indikationen beziehen:

- meldepflichtige Krankheiten (Infektionskrankheiten)
- bösartige Neubildungen (Krebserkrankungen)
- Suchterkrankungen (ausgenommen Nikotinabhängigkeit)
- Krankhafte Komplikationen während der Schwangerschaft

Werbegeschenke

Werbegeschenke, Zuwendungen oder sonstige Werbegaben in Form von Waren oder Leistungen (Sach- oder Geldleistungen), insbesondere an Angehörige der Fachkreise, sind einerseits durch das HWG stark reglementiert, andererseits auch im Verhaltenskodex der Pharmaindustrie detailliert reguliert und sanktioniert. Die Annahme von Waren oder Leistungen kann auch den Tatbestand der Bestechlichkeit erfüllen und damit strafrechtlich relevant sein. Gemäß HWG sind nur Zuwendungen und Werbegaben für Angehörige der Heilberufe von „geringem Wert" zulässig wenn diese z.B. in der ärztlichen Praxis verwendet werden.

Ausnahme sind Zuwendungen im Rahmen berufsbezogener wissenschaftlichen Veranstaltungen, sofern diese einen „vertretbaren Rahmen" nicht übersteigen.

Begriffe wie „geringer Wert" oder „vertretbarer Rahmen" sind natürlich sehr unterschiedlich interpretierbar und haben in der Vergangenheit zu Missbrauch, Verärgerung in der Bevölkerung und Imageverlust der Pharmaindustrie geführt. Aus diesem Grund hat die Industrie reagiert und sich zusätzlich zu den gesetzlichen Bestimmungen einen Verhaltenskodex auferlegt, der im Weiteren kurz beschrieben wird.

Auch für Zuwendungen an Nicht-Angehörige der Fachkreise gelten die Regelungen des HWG.

So wurde beispielsweise im November 2014 vom Bundesgerichtshof eine Werbung für eine Zweitbrille verboten, weil die Werbegabe „kostenlose Zweitbrille" beim Kauf einer Brille mit Premiumgläsern eine Zuwendung von Wert gemäß HWG darstellt. Die Zusatzbrille hatte einen Wert von 89 Euro.

Das HWG befasst sich ausschließlich mit der Werbung auf dem Gebiet des Heilwesens. Daneben gibt es sozusagen übergeordnet und durch das HWG unberührt das Gesetz gegen den unlauteren Wettbewerb – kurz: UWG

Gesetz gegen den unlauteren Wettbewerb (UWG)

Das Gesetz gegen den unlauteren Wettbewerb ist ein übergeordnetes Gesetz und ist gültig für alle Produkte und schließt damit auch Arzneimittel ein. (19.).

In einer Novellierung von 2008 wurden insbesondere EU Richtlinien umgesetzt. Beispielsweise wurde damit eine früher in Deutschland nicht erlaubte vergleichende Werbung möglich. Das UWG beschreibt allgemein verbotene Geschäftspraktiken, die in einer sogenannten „schwarzen Liste" zusammengefasst sind.

Beispielhaft sind folgende Tatbestände Verstöße gegen das UWG:

- Unwahre Angaben in den Werbebotschaften
- Lockangebote, bei denen nur sehr geringe Mengen
  einer preiswerten Ware vorrätig sind
- „Schneeballsysteme" bei denen neue Käufer
  über Prämien rekrutiert werden sollen
- Drohungen (Mafia Methoden)
- Boykottaufrufe und damit gezielte Behinderung von Mitbewerbern
- Irreführende Werbung

Freiwillige Selbstkontrolle Arzneimittelindustrie (FSA)

Wie bereits erwähnt, gibt es seit 2004 einen Verhaltenskodex der pharmazeutischen Industrie, in dem der Umgang mit medizinischen Fachkreisen und Patientenorganisationen geregelt ist. (20.)

Kerninhalte dieser Verhaltensregeln sind:

- Keine unlautere Beeinflussung des Arztes
- Transparenz
- Keine verdeckte Werbung (Schleichwerbung)

- Regeln für Einladungen zu Kongressen und
Fortbildungsveranstaltungen

Beispiele:

Unzumutbare belästigende Werbung ist verboten. Dies betrifft Werbung die der Empfänger objektiv erkennbar nicht wünscht. Es bedarf der Einwilligung des Adressaten wenn beispielweise Faxgeräte, automatische Anrufmaschinen oder E-Mails eingesetzt werden. Geschenke im Rahmen einer produktbezogenen Werbung (z.B. Taschenkalender, Kugelschreiber, Feuerzeug mit Aufdruck des Produktnamens) sind erlaubt wenn der Wert dieser Geschenke nicht über 5 Euro liegt.

Geschenke im Rahmen einer Firmenwerbung (z.B. Fachbücher, Kalender) müssen zur Verwendung in der Praxis bestimmt sein, es muss ein bestimmter Anlass vorliegen (z.B. Jubiläen, „runde" Geburtstage, Praxiseröffnung) und der Wert darf nicht mehr als 50 Euro betragen.

In Zusammenhang mit Kongressen zur beruflichen Weiterbildung sind Bewirtungskosten bis zu einer Höhe von 60 Euro angemessen und vertretbar.

Einladungen zu Barbesuchen sind nicht Kodex konform, ebenso die Kostenübernahme für Unterhaltungsprogramme wie z.B. Theaterbesuche, Konzerte, Sportveranstaltungen, Weinproben oder „Schnuppergolfen".

Eine Übernahme von Übernachtungskosten in üblichen Business- und Konferenzhotels ist dagegen Kodex konform.

Seit 2015 werden Leistungen an beispielsweise Ärzte transparent gemacht und im Internet veröffentlicht. Verstöße gegen den Verhaltenskodex können mit bis zu 400.000 Euro zugunsten einer gemeinnützigen Einrichtung geahndet und die betroffenen Firmen im Internet veröffentlich werden.

Es hat sich mittlerweile gezeigt, dass zwar Verstösse gegen den Verhaltenskodex in den Jahresberichten der FSA genannt werden, daß es aber in den meisten Fällen keine harten Konsequenzen gibt.

Anti-Korruptionsgesetz

Zusätzlich zu den genannten Maßnahmen zur Regulierung des Gesundheitswesens wurde 2016 das Gesetz zur Bekämpfung von Korruption im Gesundheitswesen beschlossen. (21.) Damit kann auch Korruption im Bereich der niedergelassenen Ärzte geahndet werden und die Konsequenzen bzw. Strafen bei Zuwiderhandlung verschärfen sich auf bis zu 5 Jahre Freiheitsstrafe in besonders schweren Fällen.

(StGB § 299a) Bestechlichkeit im Gesundheitswesen:

Wer als Angehöriger eines Heilberufs, der für die Berufsausübung oder die Führung der Berufsbezeichnung eine staatlich geregelte Ausbildung erfordert, im Zusammenhang mit der Ausübung seines Berufs einen Vorteil für sich oder einen Dritten als Gegenleistung dafür fordert, sich versprechen lässt oder annimmt, dass er

bei der Verordnung von Arznei-, Heil- oder Hilfsmitteln oder von Medizinprodukten,

bei dem Bezug von Arznei- oder Hilfsmitteln oder von Medizinprodukten, die jeweils zur unmittelbaren Anwendung durch den Heilberufsangehörigen oder einen seiner Berufshelfer bestimmt sind, oder

bei der Zuführung von Patienten oder Untersuchungsmaterial einen anderen im inländischen oder ausländischen Wettbewerb in unlauterer Weise bevorzuge, wird mit Freiheitsstrafe bis zu drei Jahren oder mit Geldstrafe bestraft.

Es bleibt abzuwarten wie sich diese neuen Regeln auf die Vermarktung von Arzneimitteln auswirken und ob damit Image und Akzeptanz der pharmazeutischen Industrie nachhaltig verbessert werden.

5. Arzneimittelentwicklung, Arzneimittelpreise und Patentschutz

Um zu verstehen wie ein Arzneimittelpreis gebildet wird, muss zum einen der Aufwand der Arzneimittelentwicklung berücksichtigt werden und andererseits die Zeitspanne, die verbleibt, um die getätigten Aufwendungen, inklusive einer Gewinnmarge wieder einzuspielen.

Letztlich wird ein pharmazeutischer Unternehmer, wie jeder andere Unternehmer, nur in ein Projekt investieren, wenn realistische Chancen für ein rentables Geschäft bestehen.

Arzneimittelentwicklung

Eine Arzneimittelentwicklung ist langwierig, kostenintensiv und risikobehaftet. (22.),(23.)

Folgende Phasen der Entwicklung werden unterschieden:

Präklinische Entwicklung (Laborversuche, Tierversuche, klinische Studien Phase I)
ca. 3 bis 4 Jahre

Klinische Entwicklung (klinische Studien Phase II und III)
ca. 4 bis 5 Jahre

Zulassungsverfahren
ca. 1 Jahr

Anwendungsbeobachtung (klinische Studien Phase IV, während der gesamten Vermarktung)

Präklinische Entwicklung

Ausgehend von einer sogenannten „Leitsubstanz", basierend auf einem bekannten Wirkstoff oder einer biologischen Substanz mit einer bekannten pharmazeutischen Wirkung werden geringfügige Veränderungen an der Molekülstruktur vorgenommen und die Auswirkung auf ein Zielmolekül untersucht. Dies geschieht mittels einer biochemischen Reaktion in einem Bio Assay.

Der Prozess der chemischen Modifikation und biochemischen Untersuchung wurde mittlerweile mit Robotersystemen weitgehend automatisiert und dadurch erheblich beschleunigt. Man spricht von High Throughput Screening, oder kurz HTS.

In kürzester Zeit lassen sich so Millionen von neu synthetisierten Molekülen untersuchen.

Die auf diese Weise gewonnenen Kandidaten für die weitere Arzneimittelentwicklung werden dann im Tierversuch (in-vivo) untersucht. Zunächst mit einem Kleintier (zumeist Nagetiere wie z.B. Maus, Ratte), danach mit einem Säugetier (z.B. Hund, Schwein), das einen dem Menschen ähnlichen Organismus besitzt.

Untersucht werden insbesondere die Pharmakokinetik, d.h. wie schnell, in welcher Konzentration und wie lange ein Wirkstoff im Blut nachgewiesen werden kann,

die Pharmakodynamik, d.h. in welchen Organen sich der Wirkstoff anreichert und

die Toxizität, d.h. ab welcher Wirkstoffkonzentration kritische physiologische Veränderungen bzw. eine letale Wirkung auftreten und ob eine Embryotoxizität bzw. Auswirkungen auf Mutter und Kind zu erwarten sind.

Mit den Ergebnissen dieser Tierversuche lässt sich dann die Einstiegsdosis für erste Anwendungen am Menschen ermitteln. Berechnet wird die Wirkstoffmenge pro kg Körpergewicht des Tieres und dann hochgerechnet auf das Gewicht eines Menschen. Die Wirkstoffmengen liegen dann meist im Bereich mg pro kg Körpergewicht, bzw. µg pro kg Körpergewicht für hochwirksame Moleküle.

Klinische Entwicklung

Die klinische Entwicklung umfasst folgende 3 Phasen:

Phase I:

Toxikologie, Verträglichkeit bei gesunden Menschen (20 – 80), Bestimmung einer Dosis für die nachfolgenden klinischen Prüfungen

Phase II:

Wirksamkeit bei wenigen Patienten (50 – 200). Hier entscheidet sich zum ersten Mal ob ein neuer Wirkstoff die erwartete Wirkung im Menschen erfüllt. Man spricht von Proof of Concept, kurz POC. POC stellt somit den „Durchbruch" bei der Entwicklung eines neuen Arzneimittels dar.

Phase III:

Die bei wenigen Patienten festgestellte Wirkung muss jetzt statistisch abgesichert werden. Hierzu sind große, multizentrische klinische Studien (Krankenhäuser oder Schwerpunktpraxen, die an der Entwicklung beteiligt sind) erforderlich. Je nach Indikation haben diese Studien einen Umfang von 500 – 10.000 Patienten. Durch die große Patientenzahl können statistisch gesicherte Aussagen zu Wirksamkeit und Nebenwirkungsprofil des neuen Arzneimittels getroffen werden.

Zulassung

Wurden alle 3 Phasen der klinischen Entwicklung erfolgreich durchlaufen, wird ein medizinisch wissenschaftliches Dossier (MAA = Marketing Authorisation Application; NDA = New Drug Application; BLA

= Biologics License Application) erstellt für eine Einreichung an eine Zulassungsbehörde.
Die Zulassungsbehörde prüft die Unterlagen und entscheidet ob eine Zulassung für eine kommerzielle Vermarktung erteilt wird. Möglich sind nationale Einreichungen (z.b. bei der US Behörde) oder eine internationale Einreichung (z.b. bei einer europäischen Behörde). Letzteres hat den Vorteil, dass im positiven Fall mit einer europäischen Zulassung ein neues Arzneimittel in allen EU-Staaten vermarktet werden kann.
Die großen Pharmakonzerne streben zunächst meist eine Zulassung für Europa (EMA = European Medicines Agency), USA (FDA= Food and Drug Administration) und Japan (PMDA = Pharmaceuticals and Medical Devices Agency) an, weil in diesen Regionen eine schnelle Kommerzialisierung die Refinanzierung absichert.
Danach folgen dann weitere Länder oder Regionen, bis von einer globalen Verfügbarkeit eines neuen Arzneimittels gesprochen werden kann

Anwendungsbeobachtung

Auch nach erfolgreicher Zulassung durch eine Zulassungsbehörde und nach Beginn der Kommerzialisierung müssen aufgetretene Nebenwirkungen vom Anwender erfasst und dem pharmazeutischen Unternehmer bzw. der Zulassungsbehörde gemeldet werden. Dort werden diese ausgewertet, dokumentiert und regelmäßig an die Behörden übermittelt. Gegebenenfalls kann in einer Nutzen- Risikobewertung eine erteilte Zulassung wieder zurückgenommen oder besondere Auflagen erteilt werden (z.B. Box Warning für die Packungsbeilage).

Kosten der Arzneimittelentwicklung

Die tatsächlichen Kosten für die Entwicklung eines Arzneimittels sind schwer zu ermitteln und werden als Betriebsgeheimnis nicht von den entsprechenden Firmen mitgeteilt. Es werden Zahlen genannt, die sehr stark schwanken und die teilweise weit über 1 Mrd. Euro liegen. Für Modellrechnungen in diesem Kapitel werden Entwicklungskosten von etwa 800 Mio. Euro zugrunde gelegt. Die jeweils genannten Kosten sind meist sogenannte Vollkosten und enthalten sowohl Opportunitätskosten für nicht realisierte Zinsen für den Entwicklungszeitraum, als auch die Kosten für abgebrochene Entwicklungen einer Pharmafirma. Diese Kosten sind erheblich und können weit mehr als 50% der eigentlichen Entwicklungskosten betragen.

Folgende Größenordnungen für die jeweiligen Phasen einer Arzneimittelentwicklung werden genannt:

Präklinische Entwicklung
100 – 150   Mio. Euro

Phase I
15 – 25   Mio. Euro

Phase II
25 – 35   Mio. Euro

Phase III
100 – 150   Mio. Euro

Alle genannten Zahlen sollen nur eine grobe Vorstellung zur Größenordnung des Aufwands der Entwicklung vermitteln und sind im Einzelfall und insbesondere in Abhängigkeit der jeweiligen

Indikation und der Patientenzahl für die klinische Entwicklung sehr unterschiedlich.

Patentschutz für Arzneimittel

Der Patentschutz für ein Patent beträgt in der Regel 20 Jahre, beginnend mit der Patentanmeldung. Dieser Patentschutz gilt für alle Patente und ist für Arzneimittel deshalb kritisch, weil die Entwicklung bis zur Vermarktung sehr lange dauert und für die exklusive Vermarktung und Amortisierung des Aufwands eine vergleichsweise kurze Zeitspanne verbleibt.

Vermarktungsexklusivität = Patentlaufzeit − Entwicklungszeit

Wird eine Entwicklungszeit von beispielsweise 12 Jahren zugrunde gelegt, bleiben lediglich 8 Jahre Vermarktungsexklusivität. Diese Benachteiligung für Arzneimittel wurde Anfang der 1990er Jahre erkannt und es wurde eine Verlängerung des Patentschutzes für Arzneimittel eingerichtet (EU 1992: Supplementary Protection Certificate (SPC). (24.) Ausserhalb der EU gibt es vergleichbare Regelungen).

Eine Patentverlängerung um maximal 5,5 Jahre ist möglich. Allerdings darf die Vermarktungsexklusivität 15 Jahre nicht überschreiten.

Im oben genannten Beispiel würde sich damit die Vermarktungsexklusivität von 8 auf 13,5 Jahre verlängern.

Nach Patentablauf und mit Beendigung der Vermarktungsexklusivität muss mit dem Eintritt von Generika gerechnet werden, die keine klinischen Prüfungen der Phase III durchführen müssen, sondern sich bezüglich Wirksamkeit und Nebenwirkungen auf die Daten des Erstanmelders beziehen können.

Damit entfallen hohe Entwicklungskosten, so dass generische

Arzneimittel sehr preiswert angeboten werden können. Dadurch wird meist auch der Originalhersteller gezwungen, seine Preise nach unten anzupassen.

Eine Ausnahme bilden hier die generischen Nachfolger von biopharmazeutischen Wirkstoffen, den sogenannten Biosimilars (Kapitel 11).

Diese sind in ihrer Struktur im Vergleich zu den Originalprodukten nicht identisch, sondern nur „ähnlich". Deshalb werden von den Zulassungsbehörden auch klinische Prüfungen gefordert, jedoch in einem geringeren Umfang. Dies wirkt sich entsprechend auf die Entwicklungskosten aus. Für die Einführung von Biosimilars ist deshalb zu erwarten, dass diese vergleichsweise hochpreisiger angeboten werden.

**Aufwand und Ertrag für Arzneimittel-
entwicklung und kommerzielle Vermarktung**

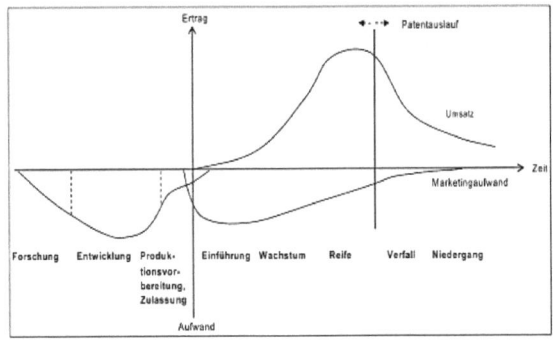

(25.)

Die dargestellte Graphik beschreibt zusammenfassend recht übersichtlich sowohl den Entwicklungsaufwand (Forschung, Entwicklung, Produktions- und Zulassungsvorbereitung), als auch einen typischen Verlauf der Umsatzentwicklung, inklusive dem Eintritt der generischen Konkurrenz.

Darüber hinaus werden auch die erheblichen Aufwendungen während der Vermarktungsphase (Marketingaufwand) dargestellt, die in nachfolgenden Kapiteln nochmals genauer detailliert werden.

Arzneimittelpreise

Für die Preisfindung für neue innovative Arzneimittel gibt es grundsätzlich zwei Ansätze: eine Preisbetrachtung und Preisermittlung ausgehend vom Marktumfeld des Arzneimittels und/ oder

eine Preisbetrachtung basierend auf dem Aufwand zur Arzneimittelentwicklung.

Beide Methoden müssen letztlich in der Bestimmung eines Preises münden, der sowohl die Refinanzierung absichert als auch ein rentables Geschäft in Aussicht stellt.

Bei der Preisfindung unter Betrachtung des Marktumfeldes muss zunächst ermittelt werden, welche Behandlungsmöglichkeiten für eine bestimmte Erkrankung zur Verfügung stehen und welche Kosten dadurch verursacht werden.

Dies betrifft sowohl bereits verfügbare Arzneimittel als auch andere Behandlungsmethoden, wie beispielsweise Physiotherapie, operative Eingriffe oder alternative Methoden.

Neben den Kosten für die jeweilige Therapieoption müssen auch deren Effektivität beziehungsweise Wirksamkeit, sowie Nebenwirkungen und Anwendungsfreundlichkeit/ Anwendungsvorteile für den Patienten berücksichtigt werden.

Für ein neues Arzneimittel müssen diese genannten Kategorien anderen Methoden und insbesondere den bereits eingeführten Arzneimitteln gegenübergestellt werden.

Ein anderer Wirkmechanismus oder ein andersartiges Nebenwirkungsprofil können insofern schon einen Vorteil darstellen, weil alternative Behandlungsoptionen für Patienten geschaffen werden, bei denen bestimmte Mittel unzureichend wirken oder nicht verträglich sind.

Beispiele für Anwendungsfreundlichkeit beziehungsweise Anwendungsvorteile gegenüber anderen bereits etablierten Arzneimitteln wären eine geringere Einnahmehäufigkeit (1x täglich vs. 3x täglich; 1x wöchentlich vs. täglich) oder die Art der Verabreichung (oral vs. intravenös; Autoinjektor vs. Spritze; Inhalator).

In vielen Fällen tragen Anwendungsfreundlichkeit/ Anwendungsvorteile zu einer besseren Wirkung bei: Hohe Anwendungstreue (Compliance) führt über einen konstanten Wirkstoffspiegel im Blut zu gleichmäßig guter Wirkung. Gerade bei älteren Patienten kann eine Einnahme vergessen und damit die Wirkung beeinträchtigt werden. Relevant ist dies beispielsweise bei gerinnungshemmenden Arzneimitteln zur Schlaganfall- oder Herzinfarktprophylaxe.

Für die Preisfindung gilt, dass eine Gesamtbewertung aller Vor- und Nachteile durchgeführt werden muss, inkl. der Behandlungsdauer und ggfs. Kosten für eine Unterbringung in einem Krankenhaus. Ergibt eine solche Gesamtbewertung einen Mehrwert gegenüber der etablierten Therapie (Standardtherapie), kann ein höherer Preis im Vergleich zu dieser Standardtherapie gerechtfertigt werden. Ist ein Mehrwert insgesamt nicht erkennbar, sollte sich der Preis an den Kosten und Preisen bestehender Mittel ausrichten.

Eine Preisfindung auf Basis der Kosten beziehungsweise des Aufwandes zur Entwicklung könnte beispielhaft wie folgt aussehen:

Angenommen wird eine Entwicklungszeit von 10 Jahren mit Gesamtkosten von 800 Mio. Euro (Vollkosten inkl. Opportunitätskosten und Kosten für Fehlentwicklungen). Weitere Annahme soll sein, dass sich die Kosten innerhalb von 5 Jahren nach Vermarktungsbeginn amortisieren, d.h. in jedem Jahr müssen etwa 160 Mio. Euro getilgt werden.

Zur Kostenstruktur gelten folgende Annahmen:

- Herstellkosten   10 %

- Verwaltungskosten   10 %

- Marketing/ Vertrieb   40 %

- Deckungsbeitrag   40 %

_____

Herstellerabgabepreis   100 %

Eine Refinanzierung der Entwicklungskosten ist nur über den Deckungsbeitrag möglich, weil Herstellkosten, Verwaltungskosten sowie Marketing- und Vertriebskosten während der Vermarktung anfallen.
Hochgerechnet bedeutet dies, dass zur jährlichen Tilgung von 160 Mio. Euro ein jeweiliger Jahresumsatz von ca. 400 Mio. Euro erforderlich ist. Davon ausgehend, dass sich die Umsätze wegen der erforderlichen Erfahrung durch Ärzte und Patienten nach Einführung erst graduell entwickeln, muss die tatsächliche Umsatzerwartung nach 5 Jahren wesentlich höher liegen, um die ersten Jahre zu kompensieren.

Wie lassen sich damit nun die Kosten konkret refinanzieren bzw. wie kann vor diesem hohen Aufwand ein rentables Geschäft resultieren?

Hierzu zwei Modellrechnungen

Betrachtung der Arzneimittelvermarktung in Deutschland:

Einwohnerzahl 80 Mio.

Annahmen:
- 1 von 1000 erhält das neue Arzneimittel

- jährliche Therapiekosten von 600 Euro (Monatspackung kostet 50 Euro)

Damit errechnet sich ein Umsatz für Deutschland

von „nur" 48 Mio. Euro

Dies entspricht einem Bruchteil dessen, was erforderlich wäre für die eingeplante Amortisierung.

Globale Vermarktung:

Einwohnerzahl 1 Mrd. (Fokussierung auf entwickelte Länder)

Annahmen:
- 1 von 1000 erhält das neue Arzneimittel

- jährliche Therapiekosten von 600 Euro (Monatspackung kostet 50 Euro)

Es errechnet sich ein Weltjahresumsatz von 600 Mio. Euro.

Dieser Umsatz liegt größenmäßig in der Erwartung der angenommenen Refinanzierung.

Als Schlussfolgerung lässt sich feststellen:

Die Pharmafirmen fokussieren sich auf die Entwicklung und Vermarktung von solchen Arzneimitteln, die ein großes Umsatzpotential haben und die international vermarktet werden können. Dazu sind in der Regel nur international aufgestellte große Pharmakonzerne in der Lage.

Sovaldi®, ein Beispiel für „Wucherpreise" für Arzneimittel ? (26.)
Sovaldi® (Wirkstoff Sofosbuvir) ist ein neues Arzneimittel zur Behandlung von Hepatitis C, welches 2014 von der Firma Gilead eingeführt wurde.
Hepatitis C ist eine lebensbedrohliche chronische Entzündung der Leber, ausgelöst durch einen Virus.
Das neue Mittel ist, basierend auf den Ergebnissen der klinischen Studien, signifikant besser wirksam als die bestehenden Behandlungsmethoden.
In Deutschland wurde initial ein Packungspreis (Monatspackung) von ca. 20. 000 Euro angesetzt. Eine Tablette kostete daher ca. 700 Euro.

Die Behandlungsdauer beträgt 3 Monate, die Behandlungskosten lagen damit bei ca. 60.000 Euro.

Wie kommen derartige Preise zustande? Wie ist die Rentabilitätsbetrachtung?

Dazu weitere Hintergrundinformationen und Annahmen:

Weltweit sind ca. 170 Mio. Menschen chronisch mit Hepatitis C infiziert.

Annahme:
1 Patient pro 1000 aller chronisch infizierten Patienten erhält eine Therapie mit Sovaldi

Die Firma Gilead hat laut Pressemitteilungen 2012 ca. 11 Mrd. USD für die Übernahme einer Firma bezahlt, die den Wirkstoff Sofosbuvir entwickelt hat. Zum Zeitpunkt der Übernahme betrug der Wechselkurs ca. 1,3 USD pro 1 Euro.

Mit einer Deckungsbeitragsannahme von 30 % amortisiert sich die Investition innerhalb von knapp 3 Jahren. Auffallend ist, dass die Investitionskosten von 11 Mrd. USD als - in diesem Fall als exorbitant hohe - „Entwicklungskosten" betrachtet und auf den Arzneimittelpreis abgewälzt werden.

Die Rechnung detailliert:
170 Mio. infizierte Patienten pro Jahr

1 aus 1000 erhält Sovaldi® = 170 000 Patienten

170 000 x 60 000 Euro = 10,2 Mrd. Euro Jahresumsatz

Deckungsbeitrag (30 %) = 3,06 Mrd. Euro

11 Mrd. USD = 8, 46 Mrd. Euro (Kurs 1,3 USD = 1 Euro)

Amortisierung: 8,46 / 3,06 = 2,76 Jahre

Mittlerweile haben Preisverhandlungen mit den Krankenkassen stattgefunden.

Der Packungspreis wurde im Januar 2015 in Deutschland auf 14.560 Euro abgesenkt, wodurch die Amortisierung auf knapp 4 Jahre ansteigt.

Eine Betrachtung seitens des Marktes ergibt folgendes Bild:

Die Standardtherapie (vor Einführung von Sovaldi®) ist eine Behandlung mit pegyliertem Interferon in Kombination mit Ribavirin.

Die durchschnittliche Behandlungsdauer liegt bei 48 Wochen; Interferon wird intravenös mittels Spritze verabreicht, Ribavirin wird oral als Tablette gegeben.

Die Erfolgsraten schwanken zwischen 45 und 80 %.

Die Behandlungskosten (Stand 2014) summieren sich auf ca. 50.000 Euro pro Patient. (27.)

Der Therapieerfolg kann mit 45 – 80 % keineswegs als gesichert oder zufriedenstellend angesehen werden.

Bei Versagen der Therapie kann ggfs. eine Lebertransplantation nötig werden.

Eine Lebertransplantation kostet ca.140.000 Euro. (27.)

Vor diesem Hintergrund muss die Preisdiskussion zu Sovaldi relativiert werden:

Therapie mit Sovaldi®   Dauer: 12 Wochen

Anwendung: oral (Tablette)

Erfolgsrate: 90 %

Kosten: 43.560 Euro
                      (seit 01/ 2015)

Damit liegt der Preis für Sovaldi® mittlerweile unter dem für die bisherige Standardtherapie.

Zudem verkürzt sich die Behandlungsdauer von 1 Jahr auf 3 Monate.

Die Erfolgsrate liegt mit 90 % deutlich über den 45 – 80 % der Standardtherapie.

Folgebehandlungen und Folgekosten können reduziert werden (ggfs.Lebertransplantation).

Dieses Beispiel soll die Komplexität und Vielfältigkeit der Preisfindung von Arzneimitteln aufzeigen und dazu anregen, sich gründlich über den jeweiligen Einzelfall zu informieren, bevor eine voreilige Beurteilung der Situation erfolgt.

Abschließend noch ein paar generelle Aspekte zum Thema Arzneimittelpreise:

In einer freien Marktwirtschaft ist es prinzipiell die freie Entscheidung jedes pharmazeutischen Unternehmers, die Preise für seine Produkte festzulegen.

Der Patentschutz, beziehungsweise die Vermarktungsexklusivität, schützt das pharmazeutische Unternehmen vor Konkurrenz und ermöglicht so Refinanzierung und Gewinn.

Da die Gesundheitskosten überwiegend von der Gesamtbevölkerung finanziert werden und die Kostenerstattung über die Krankenkassen erfolgt, nehmen diese verstärkt Einfluss auf die Kosten-Nutzen-Bewertung und die Preisbildung eines neuen Arzneimittels. Die Bewertung des Zusatznutzens erfolgt durch den Gemeinsamen Bundesausschuss (G-BA), dem neben Vertretern der Krankenkassen auch Vertreter der Ärzte und der Krankenhausverwaltung angehören. Der Preis für ein neues Arzneimittel wird zwischen dem Hersteller und dem Spitzenverband der Krankenkassen ausgehandelt. Verweigert der G-BA die Aufnahme in den Leistungskatalog der

Krankenkassen müssen die Patienten die Kosten für ein bestimmtes Mittel selbst übernehmen. Alternativ kann der behandelnde Arzt ein anderes Arzneimittel empfehlen beziehungsweise verschreiben, welches von den Krankenkassen erstattet wird. Mehr zum Thema Krankenkassen und Erstattung von Arzneimittelkosten im nachfolgenden Kapitel 6.

Auf den vom Hersteller festgelegten Abgabepreis eines Arzneimittels kommen in Deutschland Aufschläge für den Großhandel und die Apotheke.

Diese sind in der Arzneimittelpreisverordnung (28.) geregelt.

Verschreibungsfreie Arzneimittel (Selbstmedikation) unterliegen nicht der Arzneimittelpreisverordnung und können daher flexibler gestaltet werden (z.B. Rabattaktion einer Apotheke).

6. Vermarktung von Arzneimitteln: Rollen der beteiligten Parteien

Arzneimittel greifen in den Organismus des Menschen ein und sind erklärungsbedürftige Produkte. In vielen Fällen kann eine Wirkung erst mittel- oder längerfristig beobachtet werden, zudem treten Nebenwirkungen auf. Daher ist es vernünftig und gesetzlich geregelt, dass nur ein Arzt darüber entscheidet, ob und welches Mittel in welcher Dosierung und in welcher Darreichungsform zum Wohle des Patienten verabreicht werden darf.

Erst nach längerer kommerzieller Erfahrung mit einem bestimmten Mittel und einer Risikoabschätzung zur Unbedenklichkeit kann eine Entlassung aus der Verschreibungspflicht erfolgen. Dann kann eine direkte Abgabe durch den Apotheker erfolgen, bzw. der Patient/ Kunde kann das Mittel ohne ein ärztliches Rezept kaufen.

Im folgenden Kapitel soll die Rolle der jeweiligen Beteiligten bei der Vermarktung von Arzneimitteln etwas näher beschrieben werden.

Der Patient

Die unterschiedlichsten Situationen können einen Menschen dazu bewegen einen Arzt aufzusuchen. Ein Unfall mit offensichtlichen Verletzungen, plötzlich auftretende Schmerzen in einer bestimmten Körperregion, Symptome einer Erkältung, Schwindel oder ein eher undefiniertes Gefühl von „Krankheit" oder „Unwohl sein".
Der Arzt untersucht den hilfesuchenden Menschen, der damit bereits zum Patienten wurde. Ziel der Untersuchung ist eine Diagnose, gefolgt von einem Behandlungsvorschlag. Teil der Behandlung oder die gesamte Behandlung kann eine Verordnung von Arzneimitteln sein.

In diesem Fall erhält der Patient dann ein Rezept und kann dieses in einer Apotheke „einlösen".

Ist der Patient Mitglied einer gesetzlichen Krankenkasse, findet vordergründig also kein Kauf eines Arzneimittels in der Apotheke statt, weil die Kostenerstattung sozusagen im „Hintergrund" über die Krankenkasse erfolgt. Der Patient ist der Leistungsempfänger und hat die Leistung über seinen Krankenkassenbeitrag bereits indirekt bezahlt. Aus seiner Sicht erwartet er die bestmögliche Behandlung.

Daher hat er in der Regel wenig Motivation, eine preiswerte Behandlung beziehungsweise ein preiswertes Arzneimittel zu akzeptieren:

„Nur das Beste, wenn es um meine Gesundheit geht"!

Bislang gab es auch keine direkte Beziehung zwischen Leistungsanbieter (für rezeptpflichtige Arzneimittel, konkret der pharmazeutischen Industrie) und dem Patienten als Leistungsempfänger.

Dies hat sich allerdings in den letzten Jahren geändert. Insbesondere über das Internet informieren sich immer mehr Patienten und werden „kritisch und aufgeklärt". Auch die entsprechenden Beiträge in Zeitschriften und Gesundheitssendungen unterstützen diesen Trend.

Dies bietet der Industrie einerseits die Chance auch diese Informationskanäle zu nutzen, andererseits besteht die Gefahr, dass Sachverhalte über die Medien je nach Interessenslage einseitig oder verzerrt dargestellt werden.

Das Verhältnis zwischen Patient und Arzt wird damit in Zukunft sicherlich nicht einfacher.

Welche Zahlungen für Arzneimittel zusätzlich zum Beitrag zur Krankenversicherung müssen vom Patienten geleistet werden?

Sicherlich sämtliche Kosten für Arzneimittel, die im Rahmen der Selbstmedikation gekauft werden.

Darüber hinaus müssen die Kosten für sogenannte Privatrezepte vollständig vom Patienten übernommen werden. Dabei handelt es sich um Kosten für Arzneimittel, die zwar als verschreibungspflichtig, aber nicht als erstattungsfähig eingestuft sind. Nicht erstattungsfähige Arzneimittel sind:

Mittel gegen geringfügige Gesundheitsstörungen oder Lifestyle Arzneimittel.

Hierbei handelt es sich beispielsweise um leichte Schmerzmittel wie Aspirin® oder Thomapyrin®, oder Lifestyle Mittel zur Gewichtsabnahme (z.B. Almased®), Potenzsteigerung (z.B. Viagra®) oder Haarwuchsmittel (z.B. Regaine®). Diese Mittel sind Teil der sogenannten Negativliste, die als unwirtschaftlich bewertet wurden und daher nicht von den gesetzlichen Krankenkassen erstattet werden.

Für verschreibungspflichtige erstattungsfähige Arzneimittel gibt es eine Zuzahlung von 10 % mit einem Minimalbetrag von 5 Euro und einem Maximalbetrag von 10 Euro. (29.)

Diese Zuzahlungen verbleiben nicht in der Apotheke, sondern werden an die jeweilige Krankenkasse abgeführt.

Kinder unter 18 Jahren sind von der Zuzahlung befreit.

Arzneimittel, die 30% unter dem vom gemeinsamen Bundesausschuss (G-BA) festgelegten, sogenannten Festbetrag (FB) liegen, sind von einer Zuzahlung befreit.

Der Festbetrag ist der Betrag, den die gesetzliche Krankenkasse maximal für ein bestimmtes Mittel erstattet. Festbeträge werden für Wirkstoffgruppen in drei Stufen vom G-BA festgelegt. Dabei wird unterteilt in Arzneimittel mit identischem Wirkstoff, Arzneimittel mit pharmakologisch-therapeutisch vergleichbaren Wirkstoffen und Arzneimittel mit therapeutisch vergleichbarer Wirkung.

Bleibt die Frage, wie Arzneimittel bezahlt werden, die über dem Festbetrag liegen. Die Kassen bezahlen bis Festbetrag, alles darüber muss der Patient als Aufzahlung selbst übernehmen

Am Beispiel des Wirkstoffes Atorvastatin in zwei verschiedenen Produkten gleicher Zusammensetzung sollen die Zahlungen der Patienten aufgezeigt werden (30.):

Lipidsenker Atorvastatin, 40 mg Filmtablette, 100 Tabletten je Packung
Das Markenprodukt Sortis® kostet 156,74 Euro. (Stand Dezember 2020)
Das Generikum Atorvastatin Stada gibt es bereits für 17,85 Euro. (Stand Dezember 2020)
Der Festbetrag für den Wirkstoff Atorvastatin (Dosierung 40 mg), in der Darreichungsform Filmtablette und Packungsgröße 100, liegt bei 20,89 Euro (Stand Dezember 2020).
Sortis® liegt 135,85 Euro über dem Festbetrag. Dieser Betrag muss vom Patienten aus eigener Tasche als Aufzahlung bezahlt werden.

Zusätzlich kommt eine Zuzahlung:
10 % des Preises wären 13,58 Euro, hier greift der Maximalbetrag von 10 Euro.
In Summe muss der Patient für Sortis® 145,85 Euro selbst bezahlen.
Im Vergleich dazu muss bei einer Verordnung von Atorvastatin Stada lediglich 5 Euro durch den Patienten zugezahlt werden.
Das Generikum ca. liegt 15 % unter dem Festbetrag. Eine 10% Zuzahlung wären 1,78 Euro. Hier gilt die minimale Zuzahlung von 5 Euro.

Vor diesem Hintergrund ist es verständlich, dass die Verordnungen für das Markenprodukt Sortis® stark zurückgegangen sind und immer mehr Ärzte ihre Patienten auf preiswerte Alternativen umstellen.

Um überhaupt am Markt bestehen zu können, sind die Originalhersteller mehr oder weniger gezwungen, sich dem Preisniveau der Generikahersteller anzupassen.

Der niedergelassene Arzt

Der niedergelassene Arzt ist sozusagen das Bindeglied zwischen der pharmazeutischen Industrie als Anbieter von Arzneimitteln und dem Patienten als Abnehmer oder Verbraucher. Der Arzt entscheidet per Rezeptblock, welches Mittel ein Patient erhalten soll.

Damit steht der Arzt im Fokus des Pharmamarketings der pharmazeutischen Industrie. Er muss davon überzeugt werden, dass bei einem bestimmten Krankheitsbild, ein bestimmtes Arzneimittel eingesetzt werden soll. Basis der Entscheidung des Arztes sind daher umfassende Kenntnisse zur Wirkung, Wirkmechanismus, Wirksamkeit, Nebenwirkungen, Darreichungsformen und Packungsgrößen eines Produktes inklusive der Erfahrungen bei der Anwendung am Menschen, insbesondere der klinischen Studien bei der Entwicklung eines neuen Arzneimittels.

Mit dem Eid des Hippokrates wird der Arzt schon während seiner Ausbildung darauf verpflichtet, dem Patienten eine optimale Behandlung zukommen zu lassen, ihm nicht zu schaden und keine eigenen Interessen voranzustellen. Diese Neutralität ist wichtig, da die meisten Patienten die Handlungen des Arztes fachlich nicht nachvollziehen können und sich mehr oder weniger blind auf ihn verlassen.

Auf der anderen Seite gibt es zunehmend den „informierten Patienten", der kritisch die Behandlung und Verordnung des Arztes hinterfrägt.

Der Arzt ist auf der anderen Seite auch Unternehmer, der auf Patientenzufriedenheit angewiesen ist, damit der „Kunde" nicht zu einem Kollegen abwandert.

Als sogenannter Kassenarzt ist er Leistungserbringer für eine gesetzliche Krankenkasse und damit abhängig von Richtgrößen für Arzneimittelausgaben (31.) und der Verordnungsfähigkeit bzw. Erstattungsfähigkeit der rezeptierten Arzneimittel.

Das heißt:

fachliche Kompetenz, Patientenwohl bzw. Patientenzufriedenheit und wirtschaftliches Verhalten müssen im Einzelfall stets abgewogen werden, um eine Therapieentscheidung zu treffen.

Falls bestimmte Arzneimittel nicht (Negativliste) oder nur teilweise (bis Festbetrag) von einer Krankenkasse erstattet werden, muss der Arzt abschätzen bzw. mit dem Patienten abklären, ob eine Eigenbeteiligung im Fall einer Verschreibung möglich ist. Dies kann insbesondere dann sinnvoll sein, wenn im speziellen Einzelfall eine sehr gute Verträglichkeit vorliegt.

Über die oben genannten Arzneimittelrichtgrößen kommt es zu einer Kontrolle der Ärzte durch die gesetzlichen Krankenkassen. Verglichen werden Arzneimittelausgaben pro Patient und Jahr bei Ärzten bestimmer Fachgruppen. Bei großer Überschreitung der Richtgrößen kommt es zuerst zu einer Überprüfung und dann gegebenenfalls zum Regress beziehungsweise Honorarabzug durch die Krankenkassen.

Im Fall einer Abrechnung über eine gesetzliche Krankenkasse muss der Arzt das „rosa Rezept" verwenden. Dabei handelt es sich um ein vorgedrucktes Formular, das der Arzt entsprechend ausfüllen muss.

Wichtig für die Arzneimittelabgabe durch den Apotheker ist der Eintrag „aut idem" (oder ein Gleiches). Nur falls der Arzt diesen Eintrag nicht streicht, kann der Apotheker ein alternatives Arzneimittel abgeben. Ein alternatives Mittel bedeutet den gleichen Wirkstoff, gleiche Dosis, gleiche Menge und eine vergleichbare Darreichungsform (z.B. Tablette oder Kapsel).

Ist der Vermerk „aut idem"gestrichen, muss exakt das vom Arzt aufgeschriebene Arzneimittel abgegeben werden.

Der Vollständigkeit halber seien das „gelbe Rezept" für die Verordnung von Betäubungsmitteln, und das Privatrezept, das keine spezielle Form haben muss, erwähnt. Privatrezepte werden von der gesetzlichen Krankenkasse nicht erstattet, sondern müssen direkt vom Patienten bezahlt werden. Verordnungen von Arzneimitteln für Patienten, die Mitglied einer privaten Krankenkasse sind, erfolgen stets auf einem Privatrezept. Der Versicherte reicht dieses zusammen mit der bezahlten Rechnung bei der Krankenkasse ein und erhält dann seine Kosten nachträglich erstattet.

Krankenhäuser

In den Krankenhäusern ist der Krankenhausapotheker für die Beschaffung von Arzneimitteln zuständig. Er kann Arzneimittel direkt von den pharmazeutischen Herstellern beziehen und entsprechend in direkte Preisverhandlungen mit diesen eintreten. Krankenhäuser sind von der Arzneimittelpreisverordnung ausgenommen.

Krankenhäuser rechnen ihre ärztlichen Leistungen über sogenannte Fallpauschalen (Diagnosis Related Groups = DRG) ab. Der Einfluss der Krankenhausärzte auf den Einsatz bestimmter Arzneimittelprodukte ist eher gering, der Krankenhausapotheker hat durch die Preisverhandlungen eine dominante Rolle.

Allerdings haben die Krankenhausärzte über die Teilnahme an

klinischen Prüfungen und als Meinungsbildner eine wichtige Rolle im Pharmamarketing. Von Bedeutung ist auch die Rolle des Krankenhausarztes bei der Ersteinstellung auf ein neues Medikament, welches dann häufig durch den niedergelassenen Arzt weiter verordnet wird.

Apotheken

In Deutschland gibt es etwa 19 000 Apotheken (32.), die für eine flächendeckende Versorgung der Bevölkerung mit Arzneimitteln sorgen.

Für rezeptpflichtige verordnete Arzneimittel regelt die Arzneimittelpreisverordnung (28.) die Apothekenzuschläge für Fertigarzneimittel wie folgt:

Apothekenabgabepreis=

Herstellerabgabepreis
+ Großhandels Marge
+ Apothekenzuschlag
+ Umsatzsteuer

Die Preisspanne für die Apotheke (Apothekenzuschlag) beträgt:

8,35 Euro pro Packungseinheit +
0,16 Euro (Sicherstellung des Notdienstes)

Eine Steuerungsmöglichkeit für den Apotheker, ist der nicht gestrichene „aut idem" Vermerk auf dem Rezept des Arztes.
Wie bereits erwähnt, kann der Apotheker in diesem Fall auch ein „Gleiches" Arzneimittel abgeben (Substitution). Zur Auswahl stehen dann die 3 günstigsten Generika.

Gibt es allerdings einen Rabattvertrag zwischen Hersteller und der Krankenkasse des Patienten für das verordnete Arzneimittel, so darf keine Substitution durch den Apotheker erfolgen.

Eine weitere Ausnahme und Einflussnahme des Apothekers bildet das Wirkstoffrezept. In diesem Fall hat der Arzt lediglich den Wirkstoff auf dem Rezept vermerkt. Auch hier stehen dann die 3 günstigsten Generika zur Auswahl durch den Apotheker.

An dieser Stelle sei auch erwähnt, dass im Prinzip auch verschreibungsfreie Arzneimittel per Rezept vom Arzt verordnet und wie rezeptpflichtige Arzneimittel abgerechnet werden können, sofern diese Mittel von den Krankenkassen erstattet werden. Man spricht hier von verschreibungsfreien erstattungsfähigen Arzneimitteln.

Beispielhaft sei hier eine 100 mg ASS Tablette genannt, die für die Indikation Thrombozytenagregationshemmung (TAH) verschrieben wird. Der Wirkstoff ASS (Acetylsalicylsäure) ist verschreibungsfrei. Während die 500 mg Tablette als leichtes Schmerzmittel eingesetzt und somit nicht von den Krankenkassen erstattet wird, stellt die Verschreibung von 100 mg ASS als Thrombozytenaggregationshemmer eine ernstzunehmende Maßnahme des Arztes zur Vorbeugung eines Herzinfarktes dar, die somit auch von den Krankenkassen erstattet wird.

Die größten Gestaltungsmöglichkeiten für den Apotheker ergeben sich allerdings für nicht verordnete, verschreibungsfreie Arzneimittel. In Abwesenheit eines Arztes und Rezeptes kann hier die Beratungskompetenz des Apothekers zum Tragen kommen. Daraus resultieren Ansatzpunkte für das Marketing der Pharmaindustrie, die im nachfolgenden Kapitel etwas genauer beschrieben werden. Abzuwägen sind die bestmögliche Versorgung des Patienten, die Kundenzufriedenheit und die eigenen wirtschaftlichen Interessen des Apothekers. Auch hier ist davon auszugehen, dass die Patienten oder Kunden über die modernen Medien zunehmend kritischer werden und gegebenenfalls auch einmal anstatt eines empfohlenen Markenproduktes gezielt ein Generikum nachfragen.

Die verschreibungsfreien Arzneimittel unterliegen nicht der Arzneimittelpreisverordnung. Die Preise können daher mit den pharmazeutischen Herstellern frei verhandelt werden. Hier haben Versandapotheken einen klaren Vorteil, weil sie bei den Herstellern entsprechende Mengenrabatte aushandeln und diese zum Teil an die Patienten/ Kunden weitergeben können. Die Apotheke vor Ort kauft in der Regel geringere Mengen und hat damit weniger Rabattspielraum.

Eine Beratung durch die Versandapotheken entfällt, bestellt wird meistens per Internet, Versandkosten müssen berücksichtigt werden. Für ein Arzneimittel im Preiskorridor von 10 bis 20 Euro kann eine vermeintliche Ersparnis gegebenenfalls durch die Versandkostenpauschale wieder zunichte gemacht werden.

Wie bereits in Kapitel 2 beschrieben, wird der Verkauf von verschreibungsfreien Arzneimittel durch die Apotheke auch als Selbstmedikation oder OTC – Verkauf bezeichnet, weil „over-the counter" eine Selbstbedienung ausgeschlossen wird.

Großhandel

Der Pharmagrosshandel spielt im Zusammenhang mit dem Pharmamarketing eine eher untergeordnete Rolle.
Der Vollständigkeit halber soll an dieser Stelle die Großhandels
Marge genannt werden, wie sie per Arzneimittelpreisverordnung
(28.) gesetzlich geregelt ist.

Großhandels Marge=

3,15 % vom Herstellerabgabepreis (max. 37,80 Euro)   +

0,70 Euro Logistikzuschlag

Die Großhandelsmarge ist also Bestandteil des schon erwähnten
Apothekenabgabepreis.

Die größten und bundesweit agierenden Großhändler sind (Stand
2019):

Phoenix	25 %	Marktanteil
Noweda	21 %	Marktanteil
Alliance Healthcare	16 %	Marktanteil
Mc Kesson Europe AG (ehemals Celesio)	16 %	Marktanteil
Sanacorp	13 %	Marktanteil

(32.)

Krankenkassen

Die Krankenkassen spielen eine entscheidende Rolle im Gesundheitssystem, weil sie die Erstattung der Gesundheitsleistungen übernehmen. Prinzipiell unterscheidet man zwischen den gesetzlichen Krankenversicherungen und den privaten Krankenversicherungen.

Gesetzliche Krankenversicherung (GKV)

Die GKV's bezahlen die verordneten Arzneimittel in Form einer Kostenerstattung. Die gesetzliche Grundlage hierfür bildet das Sozialgesetzbuch 5 (SGB V).
Damit soll eine Grundversorgung der gesundheitlichen Leistungen sichergestellt werden. Das bedeutet, dass nicht alles bezahlt werden kann, sondern dass es zu Ausschlüssen und Begrenzungen kommt.
Die Leistungen sollen sozial ausgewogen sein, die Finanzierung ist letztlich über den Staatshaushalt abgesichert. Die zur Verfügung stehenden Mittel sollen effizient eingesetzt werden.
Das Gesetz legt für die GKV derzeit einen Beitrag in Höhe von 14,6 % vom Bruttolohn fest, bei einer Beitragsbemessungsgrenze von 4837 Euro (2021). Einkünfte oberhalb der Beitragsbemessungsgrenze werden nicht mehr für die Berechnung der Versicherungsbeiträge berücksichtigt. Die Versicherungsbeiträge werden hälftig vom Arbeitnehmer und Arbeitgeber bezahlt. Für die Arbeitnehmer besteht eine Versicherungspflicht in der GKV.
Liegt das Einkommen über der Versicherungspflichtgrenze 5362 Euro (2021), dann ist ein Wechsel in eine private Krankenversicherung möglich. Seit 2003 liegt die Versicherungspflichtgrenze oberhalb der Beitragsbemessungsgrenze.
Mittlerweile gibt es für einen Arbeitnehmer innerhalb der GKV auch eine freie Kassenwahl. Dadurch soll der Wettbewerb zwischen den gesetzlichen Krankenkassen gestärkt werden.

Staatliche Maßnahmen zur Kostenkontrolle

Wie bereits mehrfach erwähnt, steigen die Ausgaben für Gesundheitsleistungen bedingt durch die älter werdende Bevölkerung und den medizinischen Fortschritt. Der Staat hat daher Maßnahmen zur Kostenkontrolle eingeführt, die über die GKV durchgesetzt werden.

Für die pharmazeutische Industrie beziehungsweise für Arzneimittel ergibt sich folgende Situation:

Zum einen gibt es die bereits erwähnten Festbeträge, welche die Erstattungshöchstgrenze der GKV für verschreibungspflichtige Arzneimittel festlegt. Es werden Gruppen für vergleichbare Arzneimittel gemäß Wirkstoffklasse bzw. Wirkmechanismus gebildet, für die vom gemeinsamen Bundesausschuss (G-BA) jeweils eine Erstattungshöchstgrenze festgelegt wird.

Für Arzneimittel gegen Bluthochdruck sind beispielsweise

- Betablocker
- Ca-Antagonisten
- ACE-Hemmer
- Angiotensin-Rezeptor-Antagonisten

in Gruppen zusammengefasst, für die jeweils aufgeschlüsselt nach Dosierung, Darreichungsform und Packungsgröße ein Maximalbetrag bezüglich Kostenerstattung festgesetzt wird.

Mehrkosten muss der Patient aus eigener Tasche bezahlen (Aufzahlung).

Einen generellen Ausschluss aus der Erstattung gibt es beispielsweise für Arzneimittel für leichte Erkrankungen oder Befindlichkeitstörungen und Lifestyle Arzneimittel wie bereits genannt.

Auch die erwähnte Zuzahlung ist letztlich eine Maßnahme, die GKV's zu entlasten und den Patienten an den Kosten zu beteiligen.

Eine besonders gravierende Maßnahme stellt das sogenannte Arzneimittel Neuordnungsgesetz (AMNOG) von Dezember 2010 dar. (33.)

Seit 2011 werden alle neuen Arzneimittel binnen 12 Monaten einer Zusatznutzenbewertung unterzogen, die vom Institut für Qualität und Wirtschaftlichkeit im Gesundheitswesen (IQWIG) durchgeführt wird. Die Bestellung der Institutsleitung obliegt dem Bundesministerium für Gesundheit.

Wird kein Zusatznutzen festgestellt, wird das neue Arzneimittel einem Festbetrag einer bestehenden Produktgruppe bzw. vergleichbaren Therapiekosten zugeordnet. In der Realität bedeutet dies meist die Einordnung auf dem Preisniveau von Generika. Dies stellt dann für die pharmazeutische Industrie eine ernsthafte Bedrohung dar, den finanziellen Aufwand für die Produktentwicklung wieder zu kompensieren.

Wird ein Zusatznutzen festgestellt, verhandelt der Spitzenverband der GKV einen Zuschlag für die Erstattung oberhalb des Festbetrages.

Bis zur Zusatznutzenbewertung müssen allerdings die vom Hersteller festgesetzten Preise durch die GKV erstattet werden.

Das in Kapitel 5 genannte Beispiel des Hepatitis C Mittels Sovaldi schildert eindrucksvoll das Procedere:
Anfang 2014 wurde Sovaldi von der Firma Gilead zum Preis von 20.000 Euro pro Monatspackung eingeführt. Im Januar 2015 wurde dann eine Einigung mit dem Spitzenverband der GKV erzielt, die Erstattung wurde auf 14.560 Euro festgesetzt.

Weitere Maßnahmen sind die Festsetzung eines Herstellerabschlags (seit April 2014) oder „Zwangsrabatt" für die GKV's im Rahmen des AMNOG. (34.)

Dieser Abschlag liegt bei 7% für Arzneimittel ohne Festbetrag und 6% für patentfreie, wirkstoffgleiche Arzneimittel. Zusätzlich zu diesen Rabatten gibt es einen Generikaabschlag von 10%. Arzneimittel, die mindestens 30 % unter Festbetrag liegen, sind von diesem Abschlag befreit.

Darüber hinaus erlaubt das AMNOG einer GKV den Abschluss spezieller Versorgungsverträge mit entsprechenden Rabatten mit den Herstellern abschließen (Rabattverträge).

Private Krankenversicherung (PKV)

Die PKV's arbeiten ausschließlich nach den Gesetzen der freien Marktwirtschaft, sprich Angebot und Nachfrage.

Angeboten werden günstige Tarife solange die Nachfrage nach Versicherungsleistungen gering ist. Dies trifft insbesondere dann zu, wenn der Versicherungsnehmer jung und gesund ist. Neukunden müssen sich gegebenenfalls einer gesundheitlichen Prüfung unterziehen und müssen mit Risikozuschlägen rechnen.

Die Versicherungsleistungen können meist in Abhängigkeit vom Tarif individuell ausgestaltet werden und so Zusatzleistungen, wie beispielsweise Chefarztbehandlung, Einzelzimmer oder die Erstattung von bestimmten Arzneimitteln beinhalten, die nicht von einer GKV erstattet werden.

Über Beitragsrückerstattungsmodelle werden Anreize geschaffen, den Patienten/ Kunden zu einem wirtschaftlichen Handeln zu erziehen.

Der privatversicherte Patient bezahlt zunächst die gesundheitlichen Leistungen aus eigener Tasche und kann nach Ablauf eines Kalenderjahres entscheiden, ob die entsprechenden Belege zur Rückerstattung durch die PKV eingereicht werden. Bei Nichteinreichung werden Versicherungsbeiträge erstattet. Die Anzahl der Versicherungsbeiträge ist dann Abhängig von der Anzahl von nicht unterbrochenen Jahren, in denen auf eine Kostenerstattung durch die PKV verzichtet wurde. In Jahren mit wenig oder geringen Kosten für die Gesundheitsaufwendungen kann die Rückerstattung die vorgeleisteten Kosten übersteigen.

Voraussetzung zum Beitritt in eine PKV ist ein Einkommen über der Versicherungspflichtgrenze als Angestellter (2021: 5362 Euro) oder Selbstständigkeit.

Ein Problem ist die sogenannte „Altersfalle" bei den PKV's.
Altersbedingte Erkrankungen erfordern auch signifikant erhöhte Leistungen.
Das bedeutet, dass sich die Versicherungsbeiträge mit zunehmendem Lebensalter überproportional erhöhen und die Beiträge zur GKV übersteigen.
Ein Wechsel zurück in die GKV ist dann nur sehr eingeschränkt möglich.
Das Problem wurde zwischenzeitlich vom Gesetzgeber erkannt. Die PKV muss daher einen Basistarif anbieten, der hinsichtlich Beitrag, aber auch Leistungen vergleichbar mit dem Tarif der GKV ist.

Pharmazeutische Industrie

Am Anfang oder am Ende der Betrachtung der Rollen beim Verkauf von Arzneimitteln steht die pharmazeutische Industrie. Sie geht mit der Entwicklung von Arzneimitteln in eine große finanzielle Vorleistung, verbunden mit einem hohen Entwicklungsrisiko.

Selbstverständlich besteht die Erwartung, diese Vorleistungen inklusive Verzinsung wieder zu kompensieren und einen Profit zu erwirtschaften.

Neben den allgemeinen Marketingherausforderungen, wie Konkurrenzumfeld oder Patentlandschaft, gibt es im Pharmaumfeld zusätzliche regulatorische, gesellschaftliche und pharmapolitische Aspekte, die die Vermarktung von Arzneimitteln beeinflussen.

Im nachfolgenden Kapitel 7 wird auf die konkreten Marketingmaßnahmen der pharmazeutischen Industrie näher eingegangen.

7. Marketingmaßnahmen

Marketingplan

Die Marketingmaßnahmen der pharmazeutischen Industrie werden in einem Marketingplan festgelegt. Dies bedeutet eine systematische und detaillierte Beschreibung der Vorgehensweise, wie Arzneimittel vermarktet werden.

Ausgehend von einer Ist- Analyse des Marktumfeldes muss zunächst die eigene Position des zu vermarktenden Produktes bestimmt werden.

Dann müssen Ziele festgelegt werden, die zu bestimmten Zeitpunkten erreicht werden sollen.

Danach wird ein Aktionsplan entwickelt, wie die Ziele erreicht werden können, verbunden mit den konkreten Maßnahmen hierzu.

Zuletzt erfolgt eine Festlegung von Kriterien zur Erfolgskontrolle, um zu überprüfen, inwieweit die Ziele tatsächlich erreicht wurden. Die Erfolgskontrolle kann dazu führen, dass die geplanten Marketingmaßnahmen gegebenenfalls verändert werden.

In der nachfolgenden Graphik wird ein genereller Marketingplan dargestellt.

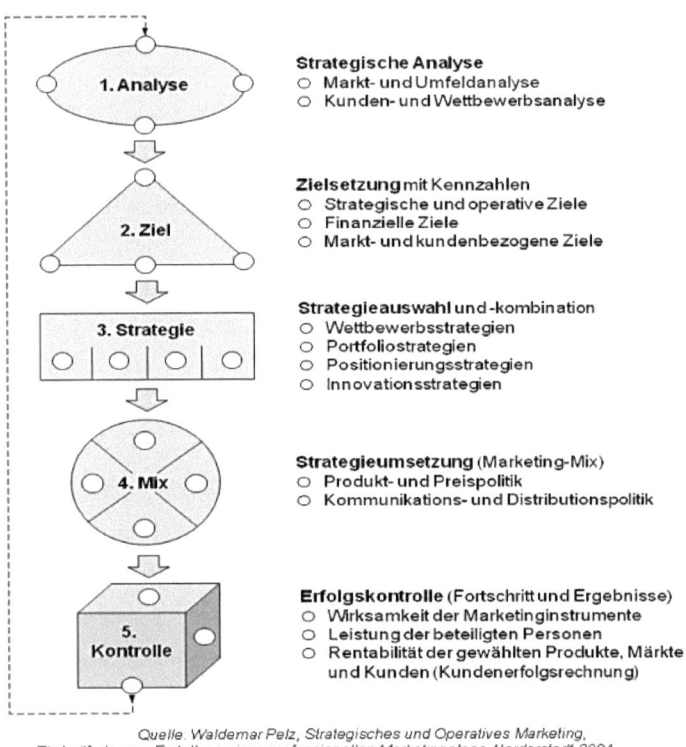

Marketingplan
Prozess der Erstellung eines Marketingplans

1. Analyse

Strategische Analyse
- Markt- und Umfeldanalyse
- Kunden- und Wettbewerbsanalyse

2. Ziel

Zielsetzung mit Kennzahlen
- Strategische und operative Ziele
- Finanzielle Ziele
- Markt- und kundenbezogene Ziele

3. Strategie

Strategieauswahl und -kombination
- Wettbewerbsstrategien
- Portfoliostrategien
- Positionierungsstrategien
- Innovationsstrategien

4. Mix

Strategieumsetzung (Marketing-Mix)
- Produkt- und Preispolitik
- Kommunikations- und Distributionspolitik

5. Kontrolle

Erfolgskontrolle (Fortschritt und Ergebnisse)
- Wirksamkeit der Marketinginstrumente
- Leistung der beteiligten Personen
- Rentabilität der gewählten Produkte, Märkte und Kunden (Kundenerfolgsrechnung)

Quelle: Waldemar Pelz, Strategisches und Operatives Marketing,
Ein Leitfaden zur Erstellung eines professionellen Marketingplans, Norderstedt 2004

Die einzelnen Elemente des Marketingplans sollen nachfolgend etwas ausführlicher erläutert werden.

Situationsanalyse und Positionierung

Eine genaue Analyse des Marktumfeldes und der Mitbewerber mittels Marktforschung ist die Grundlage, um die eigene Geschäftssituation zu beurteilen. Entscheidend ist es, die Position des eigenen Produktes in diesem Marktumfeld inklusive aller Vor- und Nachteile realistisch einzuschätzen, um dann konkrete Marketingmaßnahmen zu entwickeln. Dabei geht es sowohl um Schwächen und Stärken eines Produktes im Vergleich zum Konkurrenzumfeld, als auch um konkrete Zahlen wie beispielsweise Umsatzgröße des Teilmarktes und der jeweiligen Produkte oder Marketingaufwendungen der Konkurrenz.

Bei der Vermarktung von Arzneimitteln geht es somit um eine genaue Beschreibung des Produktprofiles bezüglich Wirkung, Nebenwirkungen und Anwendungsvorteilen und den Vergleich mit den anderen Mitteln im Markt, so wie es von den verschreibenden Ärzten, den empfehlenden Apothekern und den Patienten als Verwendern gesehen wird.

Die Charakterisierung der Zielgruppen erfolgt für die am Vermarktungsprozess beteiligten Gruppen, insbesondere Ärzte, Apotheker und Patienten.

Beispielsweise ist es hinsichtlich des Marketings für Ärzte wichtig zu wissen, ob ein Arzt offen für Innovationen und neue Produkte ist, oder sich eher konservativ auf „Altbewährtes" verlässt. Genauso wichtig ist es, sein Verschreibungsverhalten zu verstehen, um mit ihm über neue Therapiekonzepte zu sprechen.

Auch bei den Apothekern gibt es unterschiedliche Gruppen, die jeweils eine andere Ansprache/ Marketing erfordern: geht es im Umgang mit den Arzneimittelherstellern in erster Linie um Preise und Rabatte, oder sind auch Themen wie Kundenbindungsprogramme über Aktionstage, Mitarbeiterschulung bezüglich neuer Produkte oder andere Werbemaßnahmen interessant.

Der Patient schließlich wird zum direkten Ansprechpartner für verschreibungsfreie Arzneimittel und muss daher „verstanden" werden: wie erlebt er ein Arzneimittel? findet er seine Bedürfnisse/ Ängste in der Kommunikation wieder? wie ist seine Wertschätzung für ein bestimmtes Produkt? All diese Informationen sind wichtig für eine effiziente direkte Kommunikation mit dem Patienten in den jeweiligen Marketing- beziehungsweise Werbemaßnahmen.

Trends und gesellschaftliche Entwicklungen müssen durch eine qualitative Marktforschung erkannt werden, sofern diese relevant für das Pharmamarketing sind. Beispielhaft können an dieser Stelle der Trend zu Generika und zur Selbstmedikation genannt werden, die sich letztlich aus der finanziellen Überforderung des Gesundheitssystems ableiten lassen. Konkrete Auswirkungen können beispielsweise der Verlust der Erstattungsfähigkeit einer ganzen Klasse von Arzneimitteln sein.

Mit Hilfe der quantitativen Marktforschung wird das Marktumfeld in Zahlen erfasst.

Zum Beispiel:

- Wertmäßige Größe und Entwicklung des Pharmamarktes (Gesamt und nach Regionen)
- Aufschlüsselung nach Indikationen, Wirkmechanismen und Wirkstoffen, Produkten, Darreichungsformen und Packungsgrößen (Umsatzverteilung, Marktanteile)
- Entwicklung der Anzahl der verkauften Packungen (Absatzentwicklung, Marktanteile)
- Häufigkeit bestimmter Erkrankungen (Gesamt und nach Regionen)
- Marketingaufwand für bestimmte Indikationen

verteilt auf die jeweiligen Produkte
- Preise und Preisentwicklung von Konkurrenzprodukten

Zur Verfügung gestellt werden solche Daten von zahlreichen kommerziellen Dienstleistern wie beispielsweise: IMS health, Data Monitor, Pharmaprojects, Thomson Pharma, Lauer Taxe u.v.a.

Die Analyse all dieser Daten bildet die Grundlage für eine Prognose für die eigene geplante Geschäftsentwicklung.

Dabei erfolgt die Vorgehensweise in zwei Schritten:

Zunächst in einer Rückschau: welche Therapieangebote und Arzneimittel es für die zu betrachtende Indikation gibt. Wie haben sich die Umsätze gemäß der Aufteilung nach bestimmten Produkten entwickelt, wie hoch war der jeweilige Marketingaufwand, wie sind die jeweiligen Preise?
Dieser erste Schritt der Analyse ist vergleichsweise einfach, die Daten stehen in der Regel zur Verfügung bzw. können kommerziell erworben werden.

Der zweite Schritt ist eine Vorschau oder Prognose für die zukünftige Entwicklung bzw. Erwartung. Hier gibt es Unsicherheiten, Annahmen und es muss mit verschiedenen Szenarien gerechnet werden:
Neben einer Extrapolation der Daten aus der Vergangenheit müssen zusätzliche Aspekte berücksichtigt werden:

Welche neuen Arzneimittel befinden sich in welchem Stadium der Entwicklung? Wann ist mit deren Markteintritt zu rechnen? Ist mit Einführung der neuen Produkte eher mit einer Substitution zu rechnen, weil ein schon bekannter Wirkmechanismus zugrunde liegt und eventuell ein „altes" gegen ein „neues" Mittel ausgetauscht wird oder ist mit einem Wachstum des Teilmarktes zu rechnen, weil ein innovativer Mechanismus vorliegt und damit neue zusätzliche Behandlungsoptionen für den Arzt geschaffen werden.

Welche Firmen stehen hinter den neuen Produkten? Damit verbunden lässt sich auch abschätzen, mit welcher Marketingkraft bzw. Marketingaufwand diese auf den Markt gebracht werden.

Ziele

Mit der genauen Kenntnis der Position eines Produktes im Wettbewerbsumfeld, dem Marktumfeld selbst, mit einer Preisannahme und einem Budget für die geplanten Marketingaktivitäten und den konkreten geplanten Marketingmaßnahmen können Ziele für die geschäftliche Entwicklung festgeschrieben werden.

Dabei unterscheidet man strategische Ziele, operative Ziele und finanzielle Ziele.

Ein strategisches Ziel wäre beispielsweise die Marktführerschaft in einem Therapiegebiet oder ein bestimmter Marktanteil im Teilmarkt.

Operative Ziele sind dann konkrete Umsatz- oder Absatzzahlen in einem bestimmten Land oder einer bestimmten Region.

Finanzielle Ziele schließlich beziehen sich auf die Kostenstruktur eines Arzneimittels und beinhalten Herstellkosten, Verwaltungskosten, Marketingkosten oder Deckungsbeiträge.

Insbesondere die operativen und finanziellen Ziele müssen ständig überprüft werden, um gegebenenfalls Kurskorrekturen vorzunehmen.

Für die Erstellung der Ziele ist es auch wichtig, mit unterschiedlichen Szenarien zu arbeiten um gegebenenfalls Ereignisse zu berücksichtigen, die außerhalb der eigenen Steuerung liegen.

Für die Szenarien unterscheidet man in einen best case, realistic case und worst case:

Best case

in diesem Fall gibt es unerwartete positive Ereignisse, die eine Geschäftsentwicklung positiv beeinflussen.
Ein Mitbewerber mit einem vergleichbaren Produkt zieht sich aufgrund von Nebenwirkungen vom Markt zurück, ein Mitbewerber erleidet einen Entwicklungsrückschlag, ein Mitbewerber ändert die Marketingprioritäten zugunsten eines anderen Produktes, etc.
Die im Marketingplan gesteckten Ziele werden übertroffen.

Realistic Case

Sowohl das Umfeld als auch die eigenen Entwicklungen laufen wie geplant, es gibt keine unerwarteten Ereignisse.
Die im Marketing gesteckten Ziele werden ohne große Abweichungen erreicht.

Worst case

Es gibt unerwartete negative Ereignisse, die eine Geschäftsentwicklung negativ beeinflussen. Ein Mitbewerber erhält schneller als erwartet eine Marktzulassung für sein Produkt, das eigene Produkt hat einen Entwicklungsrückschlag, die Krankenkassen verweigern die Kostenerstattung, etc.
Die im Marketingplan gesteckten Ziele werden nicht erreicht.

Marketingstrategie

In der Marketingstrategie wird festgelegt, welche Maßnahmen wann und wie oft durchgeführt werden, um die gesetzten Ziele erreichen zu können.

Die Strategieentwicklung beginnt in der Regel lange bevor es zur Produkteinführung (Launch) kommt. Bereits im Vorfeld muss geplant werden, wann und wie sowohl Fachkreise als auch die Öffentlichkeit über ein neues Arzneimittel informiert werden. Diese vorgelagerten Aktivitäten bezeichnet man als Premarketingmaßnahmen. Soll ein neues Arzneimittel für mehrere Indikationen zugelassen werden, muss in einer Launch Strategie festgelegt werden, welche Indikation zuerst eingeführt wird und wann die weiteren folgen. Ebenso erfolgt die Festlegung des Einführungszeitpunkts von unterschiedlichen Darreichungsformen und Packungsgrößen. Meist ist es wichtig möglichst schnell den Markteintritt zu realisieren, um sich einen Vorsprung vor den Mitbewerbern zu sichern. Dabei kann es sinnvoll sein, anfänglich eine „einfache" Galenik, wie z.B. eine Tablette oder eine Infusionslösung zu verwenden. Dies hat dann den Vorteil, dass weitere Produktvarianten mit anderen Darreichungsformen „nachgeschoben" werden können, wenn sich ein Produkt im Markt etabliert hat bzw. sorgt für neuen „Gesprächsstoff" beim Arzt oder Apotheker wenn die erste Launchphase abgeschlossen ist und die Umsatzzuwächse abflachen.

Zur Marketingstrategie gehört auch eine Preisstrategie, um sich vom Marktumfeld abzusetzen bzw., um sich entsprechend dem Produktprofil und der geplanten Kommunikation im Konkurrenzumfeld einzuordnen. Alleinstellungsmerkmale wie beispielsweise eine überlegene Wirksamkeit oder eine bessere Verträglichkeit gegenüber den Mitbewerbern sind Basis für einen Premiumpreis.

Marketingbudget

In erster Näherung orientiert sich der Marketingaufwand sicherlich am Konkurrenzumfeld. Wird in einer bestimmten Indikation viel geworben bzw. viel Marketingaufwand betrieben, muss ein entsprechendes Gegengewicht aufgebaut werden, um überhaupt wahrgenommen zu werden.

Auch ist der Aufwand während der Produkteinführung überproportional groß weil alle Zielgruppen erstmalig umfassend informiert und überzeugt werden müssen, um sie zu einer Verhaltensänderung zu bewegen.

Eine starke Wettbewerbsposition des eigenen Produktes erlaubt gegebenenfalls die Reduzierung der Marketingausgaben bzw. ermöglicht einen überproportionalen Marktanteil.

Der bereits bei der Kostenstruktur genannte 40% Marketingaufwand vom Umsatz ist eher ein langfristiger Durchschnittswert, initial liegt der Aufwand wesentlich höher und übersteigt meist die ersten Jahresumsätze.

Es muss auch geplant werden, wie die vorhandenen Mittel am effizientesten eingesetzt werden und welche Marketingmaßnahmen zu welcher Zeit sinnvoll sind. Wichtig ist das richtige Zusammenspiel der Maßnahmen in einem Marketingmix, damit Synergieeffekte erreicht werden.

Marketingmaßnahmen

Die Marketingmaßnahmen der Pharmaindustrie unterscheiden sich nicht grundlegend von denjenigen der Konsumgüterindustrie.

Der Patient muss auf ein neues Produkt aufmerksam gemacht werden und motiviert werden, dieses zu kaufen bzw. in der Apotheke nachzufragen. Der Apotheker muss zur Empfehlung, der Arzt zur Verordnung überzeugt werden.

Printwerbung (Anzeigen, Aussendungen, Informationsbroschüren) als klassische Marketingmaßnahme hat einen hohen Stellenwert, TV-Werbung wird bei verschreibungsfreien Arzneimitteln eingesetzt. Zunehmende Bedeutung erlangt die Online-Kommunikation. Weitere Maßnahmen sind PR-Beiträge in Fachzeitschriften und der Laienpresse, sowie Durchführung von Fachsymposien bzw. Präsentationen auf Kongressen.

Die einzelnen Marketingmaßnahmen der pharmazeutischen Industrie unterscheidet man gemäß Arzneimittelstatus und den jeweiligen Zielgruppen.

Verschreibungsfreie Arzneimittel /
Publikumswerbung

Für verschreibungsfreie Arzneimittel kann bei Patient bzw. Käufer direkt von den pharmazeutischen Herstellern im Rahmen des Heilmittelwerbegesetzes geworben werden.

Werbung erfolgt beispielsweise über Anzeigen in Zeitungen oder Zeitschriften, Plakate sowie Radio oder TV.
Basierend auf Auflage und Zielgruppe werden solche Medien ausgewählt um so die Werbebotschaften zielgerichtet zu den potentiellen Käufern zu bringen.
In Zeitschriften, die bevorzugt von Frauen gelesen werden, wird beispielsweise für Arzneimittel für frauenspezifische Leiden, wie Regelschmerzen, Verstopfung oder Wechseljahrbeschwerden geworben.
Auch bei Radio/ TV kann anhand Reichweite und Hörerzahl (welcher Sender erreicht zu welchen Sendezeiten welche und wie viele Zuhörer/ Zuschauer) eine präzise Platzierung einer Werbemaßnahme für eine bestimmte Zielgruppe erfolgen.
Saisonale Produkte wie Grippemittel, Rheumamittel oder

Hustenmittel werden konsequent im Winterhalbjahr beworben, Mittel gegen Reisekrankheiten oder Mückenstiche im Sommerhalbjahr.

Auch das Packungsdesign ist eine wichtige Marketingmaßnahme und Bestandteil des Marketing Mix.
Beim Packungsdesign geht es auch um die Wiedererkennung eines bestimmten Produktes.
Im Fall eines sogenannten „Corporate Design" kann eine ganze Produktpalette einem bestimmten Hersteller zugeordnet werden (z.B. orange/ weiß Packungsdesign der ratiopharm Produkte).

Zunehmend werden auch „moderne Medien", wie Internet, social media oder apps wichtig für die Kommunikation mit dem Käufer.
Die Hersteller haben das erkannt und nutzen diese Plattformen direkt oder indirekt für ihre Produkte.

Weitere „indirekte" Marketingmaßnahmen sind vielfach die Gesundheitssendungen im TV. Oft werden in Form eines Sponsorings Themen oder ganze Sendungen von der pharmazeutischen Industrie unterstützt, die eine inhaltliche Nähe zu einem bestimmten Arzneimittel haben.

Hinweise wie „fragen Sie Ihren Arzt oder Apotheker" bilden dann eine Brücke zur Verschreibung oder Empfehlung.

Zur Erhöhung des Bekanntheitsgrades kann die Unterstützung von Veranstaltungen oder Vereinen in Form eines Sponsorings dienen.

Verschreibungsfreie Arzneimittel / Apothekenmarketing

Der Apotheker ist als Empfehler Absatzmittler der pharmazeutischen Industrie für verschreibungsfreie Arzneimittel.
Seine Empfehlung gründet sich auf unterschiedliche Faktoren mit unterschiedlicher Gewichtung.
Neben der Wirksamkeit, Nebenwirkung und Darreichungsform eines bestimmten Arzneimittels spielen sicherlich auch die Verfügbarkeit, Möglichkeit für Beratung, Zusatzleistung der Hersteller (z.B. Broschüren, Werbegabe), Kundenzufriedenheit und seine eigene Verdienstmöglichkeit eine wichtige Rolle.

Das Apothekenmarketing erfolgt in vielen Fällen mittels eines eigenen Außendienstes für die Apotheker.
Es handelt sich dabei nicht um einen wissenschaftlichen sondern eher um einen kaufmännischen Außendienst.
Dieser Außendienst verkauft verschreibungsfreie Arzneimittel und kann dem Apotheker entsprechende Rabatte einräumen, weil diese verschreibungsfreien Mittel nicht der Arzneimittelpreisverordnung unterliegen. Sind diese Arzneimittel erst einmal in der Apotheke, dann hat der Apotheker verständlicherweise auch Interesse an einem Abverkauf, was seine Empfehlung beeinflussen kann.
Darüber hinaus erhält der Apotheker zur Weitergabe an seine Kunden Produktinformationen und Werbemittel (z.B. Kalender, Kugelschreiber oder Papiertaschentücher).
Auch Aktionstage in der Apotheke, wie beispielsweise Fitness Check, Blutdruckmessung oder Reiseberatung werden im Rahmen des Apothekenmarketings angeboten.

„Periphere Marketingmaßnahmen" unterstützen die allgemeine Apothekenführung und beinhalten beispielsweise betriebswirtschaftliche Kurse, Software für die Apotheke oder die Weiterbildung des Apothekenpersonals.

Naheliegend, dass diese Weiterbildungsmaßnahmen beispielsweise zum Thema Grippe oder Reisekrankheiten in der Regel einen entsprechenden Produktbezug haben.

Verschreibungspflichtige Arzneimittel/ Arztmarketing

Verschreibungspflichtige Arzneimittel werden im sogenannten Arztmarketing und mittels eines medizinisch wissenschaftlichen Außendienstes den Ärzten vorgestellt.

Die Mitarbeiter dieses Außendienstes haben größtenteils eine naturwissenschaftliche Ausbildung beispielsweise als Arzt, Apotheker, Biologe, Chemiker oder als Assistent in diesen Fächern. Gemäß dem Arzneimittelgesetz müssen Sie eine „Sachkenntnis" besitzen, die offizielle Berufsbezeichnung ist „Pharmareferent".

Mittels einer medizinisch wissenschaftlichen Dokumentation (Produktbroschüre) werden die Ärzte über neue Arzneimittel informiert. Dazu gehört neben der Beschreibung des Wirkstoffes, der Pharmakologie und Pharmakokinetik insbesondere die Information über Ergebnisse von klinischen Studien. Für besonders relevante Studien wird meistens ein eigener Folder (oder eine elektronische Präsentation) entwickelt, der zusammen mit einem Sonderdruck der Studie zur Besprechung beim Arzt dient.

Um den Arzt mit dem neuen Medikament bekannt zu machen, dürfen pro Arzt und Jahr 2 Produktmuster der kleinsten Packungsgröße abgegeben werden, die als „unverkäufliches Muster" gekennzeichnet sind.

Die Abgabe von Werbemitteln ist mittlerweile stark reglementiert. Diese dürfen nur für die Verwendung in der ärztlichen Praxis bestimmt sein.

In diesem Zusammenhang sei nochmals auf die Freiwillige Selbstkontrolle Arzneimittelindustrie (FSA) in Kapitel 4 verwiesen.

Um umfassend über neue wissenschaftliche Erkenntnisse und Produktentwicklungen zu einem Therapiegebiet zu informieren, können Ärzte auf Kosten der Arzneimittelhersteller auf Kongresse oder zu Fachveranstaltungen eingeladen werden. Auch hier gibt es mittlerweile sehr strenge Regelungen zum Umfang der von der Pharmaindustrie übernommenen Kosten (FSA).

Zur Präsentation eines Produktes auf einem Kongress dienen ein Informationsstand oder Sponsoring Maßnahmen (z.B. Werbung auf Kongresstasche oder dem Kongressprogramm).

Ein weiteres Marketinginstrument sind die Arzt Informationssysteme (AIS).(35.) Die modernen Arztpraxen sind über Internet an Informationssysteme z.B. über Arzneimittel angeschlossen. Über spezielle Werbeagenturen lassen sich so gezielt Informationen an Ärzte versenden.

Beispielsweise können zeitgesteuerte Botschaften versendet werden, um über Einführung von neuen Produkten, neuen Darreichungsformen oder Indikationsausweitungen zu informieren.

Im Fall von diagnosegesteuerten Botschaften werden Therapieempfehlungen bzw. Arzneimittelempfehlungen gegeben, sobald ein bestimmter Befund eingegeben wird.

Hat sich der Arzt auf die Verordnung eines bestimmten Arzneimittels festgelegt, wird dies anhand der Pharmazentralnummer (PZN) erkannt und es können PZN-gesteuerte Botschaften wie Co-Therapieempfehlungen, Verordnungsbegründungen, fremdsprachige

Patienteninformationen oder die Ergebnisse von klinischen Studien abgerufen werden.

An Bedeutung gewinnen zunehmend auch spezifische Patientenbindungsprogramme für verschreibungspflichtige Arzneimittel, bei denen Besonderheiten bei der Anwendung zu beachten sind (z.B. Insulin, Interferon, Antikörper).
Neben den üblichen Informationen (Broschüren, Internet) werden beispielsweise vom Hersteller ein Telefonservice inkl. Erinnerungsservice zur rechtzeitigen Bestellung einer neuen Packung, Hinweise und Container zur sachgerechten Lagerung und Entsorgung leerer Spritzen u.a. angeboten.

Vertrieb

Sowohl für den Apothekenaußendienst als auch den Arztaußendienst ist erfolgsentscheidend wie viele Mitarbeiter jeweils zur Verfügung stehen, um die Marketingmaßnahmen beim Apotheker oder Arzt umzusetzen.

Die Vertriebsstärke (Zahl der Mitarbeiter) entscheidet darüber, wie flächendeckend und in welcher Frequenz die Apotheken- und Arztbesuche durchgeführt werden können.
Die Qualität und Dauer der Besuche ist ein wesentlicher Faktor, den Arzt zur Änderung seines Verordnungsverhaltens zu bewegen, bzw. den Apotheker zum Kauf der verschreibungsfreien Arzneimittel zu motivieren.
Eine wichtige Voraussetzung für einen erfolgreichen Außendienst sind daher umfangreiche Schulungen zu den jeweiligen Produkten.

In manchen Fällen ist es allerdings schwierig für die Außendienstmitarbeiter überhaupt einen Termin zu bekommen weil die

Adressaten wenig Interesse zeigen oder andere Prioritäten haben.
In diesen Fällen müssen andere Maßnahmen, wie Mailings oder
Arzt- Informationssysteme die Funktion des Außendienstmitarbei-
ters übernehmen.

Erfolgskontrolle

Die Erfolgskontrolle ist eine regelmäßige Überprüfung, ob über die
Maßnahmen in Marketing und Vertrieb die angestrebten Ziele erreicht werden.
Dies beinhaltet eine detaillierte Umsatz- und Absatzkontrolle, gegebenenfalls eine Kontrolle über die Anzahl der Verordnungen, sowie
die Entwicklung von sowohl Kosten als auch des Gewinns.
Über Marktforschung kann auch die Qualität bzw. die Erinnerung an
ein Gespräch abgefragt werden.
Dieses qualitative Feedback vom Markt (Ärzte, Apotheker, Patienten, Patientenorganisationen) ist wichtig, um gegebenenfalls die
Marketingmaßnahmen anzupassen.

Lobbyismus

Eine besondere Form des Marketings bildet der Lobbyismus in der
Pharmaindustrie.
Lobbyisten sind Mitarbeiter eines pharmazeutischen Unternehmens
und versorgen Politiker oder Meinungsbildner mit Informationen,
um damit Einfluss zu nehmen auf politische Entscheidungen oder
die Meinungsbildung in der Öffentlichkeit.
Die Informationen beziehen sich auf arzneimittelrelevante Fragen,
insbesondere auf Themen wie beispielsweise Wirtschaftlichkeit,
Wirksamkeit oder Risiken.
Solange sachliche Argumente vorgebracht werden, ist dieses Verfahren grundsätzlich nicht zu beanstanden.

8. Produktspezifisches Pharmamarketing

Im vorhergehenden Kapitel 7 wurden die allgemeinen und produktunspezifischen Marketingmaßnahmen der pharmazeutischen Industrie vorgestellt.

In diesem Kapitel soll auf das Marketing eines bestimmten Produktes fokussiert werden, beziehungsweise, wie ausgehend von einem Produkt (oder Wirkstoff) durch Variation eine Produktfamilie entsteht und damit möglicherweise eine größere Zielgruppe erreicht werden kann. Über die jeweiligen Produktvarianten und die damit verbundenen Produkteigenschaften können unterschiedliche Wünsche der Verwender oder Empfehler angesprochen werden. Eine größere Zielgruppe ist gleichbedeutend mit mehr potentiellen Verwendern und bietet so die Möglichkeit, durch ein produktspezifisches Marketing den Gesamtumsatz der Produktfamilie zu vergrößern.

Produktvarianten

Für ein Arzneimittel lassen sich beispielsweise folgende Parameter verändern:

- Wirkstoffmenge
- Darreichungsform
- Packungsgröße
- Name/ Marke
- Preis

und möglicherweise und abhängig vom konkreten Arzneimittel:

- Indikation
- Verschreibungsstatus

- Erstattungsstatus
- Vertriebswege

Am Beispiel des Wirkstoffes Ibuprofen (Schmerzmittel) soll diese Vielfalt veranschaulicht werden:
Die festen Arzneimittelformen (z.B. Tabletten) sind üblicherweise in Wirkstoffmengen zwischen 100 bis 800 mg Wirkstoff pro Einheit (Tablette) erhältlich: 100 – 200 – 400 – 800 mg.
Typische Packungsgrößen sind 10, 20, 50 oder 100 Einheiten (Tabletten).
Ein bestimmter Hersteller hat in der Regel 3 unterschiedliche Packungsgrößen für eine kurze, mittlere und längere Anwendung.
Diese Packungsgrößen werden dann entsprechend mit N1, N2 und N3 bezeichnet.
Eine Besonderheit des Wirkstoffs Ibuprofen ist, dass Dosierungen bis 400 mg pro Einheit verschreibungsfrei sind, während die höheren Dosierungen nur mittels eines ärztlichen Rezeptes erhältlich sind.
Dies bedeutet für das Marketing eine Fokussierung auf mehrere Zielgruppen:

- den Apotheker (als Empfehler),
- den Patienten (als Verwender bzw. Nachfrager)
- und den niedergelassenen Arzt (als Verordner).

Diese Situation zeigt wie komplex der Teilmarkt der Ibuprofene ist. Daneben gibt es für den Wirkstoff Ibuprofen zahlreiche Darreichungsformen wie beispielsweise Tabletten, Filmtabletten, Kapseln, Granulat, Zäpfchen, Saft etc., unterschiedliche Hersteller mit Markenprodukten (z.B. Dolormin®), generischem Namen (z.B. Ibu Akut 1A Pharma) und jeweils unterschiedliche Preise.
Ein konkreter Preisvergleich zweier Produkte unterschiedlicher

Hersteller ist also nur dann möglich, wenn die gleichen Randbedingungen (Dosierung, Darreichungsform, Packungsgröße) zugrunde liegen:

Dolormin® Extra

20 Filmtabletten a 400 mg Ibuprofen

10,61 Euro

Ibu 400 Akut 1A Pharma

20 Filmtabletten a 400 mg Ibuprofen

3,70 Euro

Preise: Stand Dezember 2020, Deutsches Institut für Medizinische Dokumentation und Information (DIMDI) (30.)

Im obigen Beispiel ist das Markenprodukt Dolormin® der Firma Johnson & Johnson mehr als doppelt so teuer wie das Generikum der Firma 1A Pharma, sofern die genannten Preise nicht in einer speziellen Apotheke rabattiert wurden.

Es zeigt sich also, dass durch Aufbau einer Produktmarke und der daraus resultierenden Markenbekanntheit ein Premiumpreis möglich wird, der den höheren Marketingaufwand rechtfertigt.

Ein anderes Beispiel ist das bekannte Markenprodukt Aspirin®. Aspirin® ist ein verschreibungsfreies Schmerzmittel und wird in einer Dosierung von 500 mg ASS (Acetylsalicylsäure) pro Einheit in der Selbstmedikation verwendet.
In Analogie zu Dolormin® gibt es auch in diesem Fall eine ganze

Reihe von Aspirin® Produkten durch entsprechende Variation.
Hier soll gezeigt werden, wie eine Ausweitung der Produktpalette
durchgeführt wurde, die zu einer signifikanten Wertsteigerung beziehungsweise Preiserhöhung führt:

Name	Dosis	Anzahl	Form	Preis	Preis pro Einh.	Index
Aspirin® 500 mg	500 mg ASS	20	Tabletten	7,19 €	36 c	100
Aspirin Direkt®	500 mg ASS	20	Kau-tabletten	10,14 €	51 c	142
Aspirin Mi-gräne®	500 mg ASS	24	Brause Tablette	12,85 €	54 c	150

Preise: Stand Dezember 2020, Deutsches Institut für Medizinische Dokumentation und Information (DIMDI) (30.)

Zur einfacheren Vergleichbarkeit wurde der Preis auf eine Einheit
(Tablette) Aspirin 500 mg normiert (= 100 %).
Sicherlich ist der Aufwand zur Entwicklung und Herstellung der verschiedenen Darreichungsformen unterschiedlich und daher sind
auch unterschiedliche Preise zu erwarten.
Allerdings konnte durch ein geschicktes Marketing und Herausarbei-
ten eines Zusatznutzens (z.B. Kautablette: Einnahme ohne Flüssig-
keit, beispielsweise unterwegs) die Wertschätzung durch den Verwender erhöht werden, um überproportionale Preise zu realisieren.

Am Beispiel des Wirkstoffes Ibuprofen wurde gezeigt, dass sich bei
Erhöhung des Wirkstoffgehaltes (> 400 mg) der Verschreibungsstatus ändert.
Für den Wirkstoff ASS gilt:
eine niedrigere Dosierung (üblicherweise 100 mg) wird zur

Thrombozytenaggregationshemmung (TAH) in der Indikation Reinfarktprophylaxe eingesetzt.

Somit kann unter dem Markendach Aspirin® auch eine andere Indikation vermarktet werden, in der Aspirin® darüber hinaus verschreibungsfähig bzw. erstattungsfähig ist.

Gleichwohl ergeben sich für den Patienten die bereits genannten Einschränkungen bezüglich der Kostenbeteiligung.

Name	Dosis	An-zahl	Form	Fest-betrag	Preis
Aspirin® N 100 mg	100 mg ASS	98	Tab.	3,25 €	5,51 €
Aspirin Protect® 100 mg	100 mg ASS	98	Tab. mr	7,18 €	12,47 €
ASS 1A Pharma Protect 100 mg	100 mg ASS	100	Tab. mr	7,31 €	4,27 €

mr = Magensaft resistent

Preise: Stand Dezember 2020, Deutsches Institut für Medizinische Dokumentation und Information (DIMDI) (30.)

Die Krankenkassen erstatten bis zum Festbetrag. Arzneimittel bis 30 % unter Festbetrag sind zuzahlungsfähig, oberhalb erfolgt die Aufzahlung durch die Patienten (Kapitel 6)

Die vom Arzt verschriebenen Aspirin® Produkte zur TAH unterliegen also der Zu-und Aufzahlung. Durch die starke Marke Aspirin® kann allerdings sowohl für den Arzt als auch für den Patienten ein Qualitätsversprechen vermittelt werden, das einen Aufpreis rechtfertigt. Zum Vergleich wird ein generisches Produkt ASS 1A Pharma Protect 100 mg in der obigen Tabelle genannt, das preislich weit unter dem Festbetrag liegt und damit vollständig von den gesetzlichen

Krankenkassen erstattet wird.

Durch eine entsprechende Preispolitik der Hersteller kann also ganz gezielt der Erstattungsstatus beeinflusst werden:

Das Markenprodukt ignoriert ganz offensichtlich die Erstattungshöchstbeträge der Kassen und setzt auf eine freiwillige Selbstbeteiligung der Patienten. Generikaanbieter orientieren sich in der Regel am Festbetrag und erhoffen sich ein Geschäft, basierend auf einer hohen Anzahl von Verschreibungen.

Beide Geschäftsstrategien haben ihre Berechtigung.

Life Cycle Management

Das Life Cycle Management ist eine konkrete Maßnahme in der pharmazeutischen Industrie den Lebenszyklus der Arzneimittelprodukte zu beeinflussen/ verlängern, um damit den Profit zu maximieren. Dies ist selbstverständlich abhängig vom konkreten Produkt und erfordert daher auch begleitende produktspezifische Marketingmaßnahmen.

Der wichtigste Aspekt und beste Schutz ist der Aufbau eines entsprechenden Patentportfolios zur langfristigen Absicherung der Exklusivität gegenüber etwaigen Mitbewerbern. Neben Patente zum Wirkstoff sind Patente zum Herstellungsprozess und in manchen Fällen zur Darreichungsform (z.B. Inhalator) denkbar.

Die bereits genannten Produktvarianten (z.B. Kautablette, Brausetablette) sind weitere wichtige Maßnahmen, „Neuigkeiten" bezüglich eines Produktes zu signalisieren, um neuerliche Marketingmaßnahmen auszulösen, auch wenn diese Produktvarianten nicht patentierbar sind.

Eine genaue Planung, wann und welche solcher Produktvarianten, verbunden mit den entsprechenden Marketingmaßnahmen in den Markt gebracht werden, ist entscheidend, wie lange der

Produktlebenszyklus ist, beziehungsweise ob genügend Umsätze generiert werden, um ein Produkt rentabel zu vermarkten.

OTC- Switch

Der OTC – Switch ist eine weitere und sehr spezielle Maßnahme im Life Cycle Management. Hierunter versteht man die Änderung des Verschreibungsstatus von verschreibungspflichtig nach verschreibungsfrei.

Ein entsprechender Antrag kann bei der Zulassungsbehörde frühestens 3 Jahre nach Produkteinführung gestellt werden. Voraussetzung sind ausreichende Erfahrungen zu Risiken und Nebenwirkung und eine daraus resultierende Bewertung, dass eine OTC Vermarktung kein, beziehungsweise nur ein geringes Sicherheitsrisiko für den Patienten darstellt.
Gegebenenfalls kann es auch Auflagen der Behörden geben, bevor eine Befreiung von der Verschreibungspflicht erteilt wird:

- Anwendungsbeschränkungen
  (Modifizierung der Packungsbeilage)

- Begrenzung der Wirkstoffmenge

- Begrenzung der Packungsgröße

Für das produktspezifische Marketing ergeben sich durch die Änderung des Verschreibungsstatus neue Möglichkeiten, die Patienten als Zielgruppe direkt anzusprechen. Darüber hinaus entfällt die Arzneimittelpreisverordnung, über Rabatte kann das Marketing unterstützt werden.

Ein einigermaßen aktuelles Beispiel für einen erfolgreichen OTC Switch stammt aus dem Januar 2015.

Die Verschreibungspflicht für die „Pille danach" - ella-One® - wurde aufgehoben.

In Folge stieg die Anzahl der verkauften Packungen (Absatz) um 25 %. (36.)

Für den in diesem Kapitel bereits genannten Wirkstoff Ibuprofen erfolgte der OTC Switch in 2 Stufen:

1989 wurden Ibuprofen Zubereitungen bis 200 mg Wirkstoff von der Verschreibung befreit, in 1998 wurde die Grenze auf 400 mg angehoben. (37.)

9. Kooperationen

Wie in den vorangegangenen Kapiteln beschrieben, ist die Entwicklung und Vermarktung von Arzneimitteln ein langwieriger, kostenaufwendiger und risikobehafteter Prozess. Vor diesem Hintergrund erscheint es sinnvoll, über eine Zusammenarbeit mit einer anderen Firma (Kooperation) diesen Zeit- und Kostenaufwand beziehungsweise das Risiko zu teilen.

In diesem Kapitel 9 sollen daher die wichtigsten Kooperationsformen skizziert werden.

Motivation zur Kooperation im Pharmabereich

Kooperationen werden vereinbart bezüglich Technologien, Produkten, Produktsortimenten, Teilen von Firmen oder gar kompletter Firmen.

Kooperationen werden aus vielfältigen Motiven eingegangen und betreffen in der Regel folgende Aspekte:

- Kosteneinsparungen
- Zeiteinsparung (schnellerer Marktzugang)
- Sortimentsabrundung
- Marktdurchdringung (Marktanteil)
- Marktführerschaft
- Zugang zu bestimmten Technologien
- Kompetenzgewinn
- Konkurrenzabschottung

Beispiel: Technologie

Angenommen eine kleine Biotech Firma entwickelt ein neues Verfahren zur Synthese von Peptiden. Mit diesem Verfahren kommt es zur Erhöhung der Ausbeute um durchschnittlich 20 %.

Das Verfahren wird patentiert und damit Eigentum der Erfinderfirma.

Nach Bekanntwerden des neuen Syntheseverfahrens durch die einschlägige Fachliteratur beziehungsweise durch einen Fachkongress gibt es ein reges Interesse von zahlreichen Chemie- und Pharmafirmen.

Über eine Kooperationsvereinbarung können die interessierten Firmen gegebenenfalls das Verfahren für eigene Zwecke nutzen. Grundsätzlich stehen zwei Kooperationsmodelle zur Auswahl:

Kauf/ Verkauf

Beim Verkauf des Syntheseverfahrens an eine andere Firma gehen sämtliche Rechte und Pflichten mit dem Kaufvertrag auf die kaufende Firma über. Dies ist ein einmaliger Akt und der Erfinderfirma bleiben keine Möglichkeiten die eigene Erfindung für sich selbst zu nutzen.

Lizenz

Eine Lizenz, (Erlaubnis zur Nutzung) kann dagegen sehr variabel gestaltet werden. In Analogie zu einem Mietvertrag kann mit einem Lizenzvertrag die Nutzung der Technologie unter bestimmten Rahmenbedingungen erlaubt werden.

Wesentlichen Elemente eines Lizenzvertrages sind:

Art und Umfang der Lizenz

Bei einer exklusiven Lizenz gibt es lediglich einen Benutzer, nämlich den exklusiven Lizenznehmer.
Bei einer semi-exklusiven Lizenz gibt es zwei Nutzer, beispielsweise den semi-exklusiven Lizenznehmer und die Erfinderfirma.
Im Fall einer nicht-exklusiven Lizenz werden beliebig viele Lizenzen an interessierte Firmen (Lizenznehmer) vergeben.
Der Umfang der Lizenz spezifiziert dann ganz genau die betroffenen Patente und gegebenenfalls etwaiges Know- How.

Dauer der Lizenz

Die Nutzungsdauer kann befristet werden, maximal bis Patentablauf, falls sich die Lizenz auf ein konkretes Patent bezieht.
Wird sowohl ein Patent als auch Know-How verlizensiert kann gegebenenfalls eine längere Nutzungsfrist vereinbart werden, weil das Know-How unabhängig von der Patentlaufzeit ist.

Territorium

Eine Lizenz kann sowohl weltweit gewährt werden als auch territorial begrenzt (z.B. auf einzelne Länder, Regionen oder Kontinente). Dadurch kann gegebenenfalls eine territoriale Exklusivität resultieren.

Anwendungsbeschränkung

Hier wird geregelt, ob die Technologie uneingeschränkt benutzt werden darf oder ob es Beschränkungen für die Anwendung gibt.
Im vorliegenden Beispiel wäre denkbar eine Lizenz zur Synthese von Arzneimitteln zu vergeben, eine andere Lizenz zur Herstellung von z.B. Aromastoffen für die Lebensmittelindustrie.

Vergütung bzw. Zahlungsmodalitäten

In Zusammenhang mit der Nutzung einer Lizenz spricht man von Nutzungsgebühren bzw. Lizenzgebühren.

Prinzipiell unterscheidet man fixe Zahlungen, sogenannte Meilensteinzahlungen für bestimmte Ereignisse, wie z.B. Vertragsabschluss, jährliche Zahlungen und/oder das Erreichen bestimmter Phasen der Produktentwicklung , wie z.B. im Fall einer Arzneimittelentwicklung Beginn der klinischen Entwicklung, Proof of Concept, Einreichung der Zulassung bei einer Genehmigungsbehörde oder Vermarktungsbeginn.

Daneben gibt es meist variable Zahlungen, um den Lizenzgeber am Kommerzialisierungserfolg zu beteiligen. Dies sind dann meist prozentuale Beiträge vom Umsatz, genannt Royalties.

Für eine Technologielizenz liegt dieser Prozentsatz je nach Wertbeitrag zum Vermarktungsgegenstand (Arzneimittel) in der Regel im Bereich zwischen 0 und 5 %.

In der Regel gibt es eine Kombination von fixen und variablen Lizenzgebühren.

Erfindungen

Wird eine Technologie durch einen Lizenznehmer benutzt, ist es durchaus vorstellbar, dass es zu Folgeerfindungen kommt, die auf der Basistechnologie beruhen.

Um einen Rechtsstreit bezüglich Eigentum und Nutzung solcher Folgeerfindungen zu vermeiden, sollten klare Regelungen getroffen werden.

Denkbar wäre, dass sämtliche Folgeerfindungen, die auf der Basistechnologie beruhen, der Erfinderfirma (Lizenzgeber) gehören und dem Lizenznehmer im Rahmen des Lizenzvertrages kostenfrei zur Verfügung gestellt werden.

Gewährleistung und Haftung

Dies sind sehr wichtige Aspekte, insbesondere im Zusammenhang mit der Entwicklung von Arzneimitteln. Falls der Lizenzgeber hier versäumt Einschränkungen vorzunehmen oder gar eine weitreichende Gewährleistung in Aussicht stellt, können sich die Folgen im Schadensfall dramatisch auswirken. Den Lizenzeinnahmen stehen dann schnell Forderungen in Millionen- oder gar Milliardenhöhe entgegen, falls ein Arzneimittelprojekt nicht realisiert werden kann, weil beispielsweise ein Patent eines Mitbewerbers verletzt wurde.

Daneben gibt es weitere Klauseln, wie sie in Kauf- oder Lizenzverträgen üblich sind, auf die an dieser Stelle nicht eingegangen wird.

Generell gilt, je sorgfältiger und detaillierter der Kooperationsvertrag ausgestaltet wird, je sicherer sind die jeweiligen Positionen als Lizenzgeber und Lizenznehmer und je problemloser gestaltet sich die Zusammenarbeit der Firmen.

Beispiel: Produkte (Arzneimittel)

Eine Kooperation bezüglich eines Arzneimittels verläuft prinzipiell ähnlich wie eine Kooperation bezüglich einer Technologie:

Kauf/ Verkauf vs. Lizenz.

Der Wert der Kooperation ist dann sehr stark abhängig davon, in welchem Entwicklungsstadium sich das Arzneimittelprojekt befindet.

Im Fall einer frühen Produktentwicklung ohne Belege aus der klinischen Entwicklung sind die Realisierungschancen bis zum zugelassenen Arzneimittel gering, dementsprechend niedrig ist die Bewertung des Projektes beziehungsweise die Vergütung durch einen Käufer oder Lizenznehmer.

Andererseits ist zu beachten, dass über eine Lizenz und Royalties gegebenenfalls erhebliche zukünftige Einnahmen möglich sind, wenngleich die Wahrscheinlichkeit dafür zum Zeitpunkt der Lizenzvergabe sehr gering ist.

Werden die Patentrechte zu einem Produkt verkauft, ist eine spätere Erfolgsbeteiligung ausgeschlossen.

Viele kleine, insbesondere Biotech Firmen, sind finanziell nicht in der Lage eine komplette Arzneimittelentwicklung alleine durchzuführen.

Ziel dieser Firmen ist es, falls finanziell möglich, eine klinische Entwicklung in begrenztem Umfang zu beginnen, um einen Beweis für die Wirksamkeit eines neuen Arzneimittels zu erbringen.

Mit diesem Proof of Concept ist dann eine signifikante Wertsteigerung verbunden und ein idealer Zeitpunkt gefunden, das Projekt an eine größere Pharmafirma zu verlizensieren, die die Ressourcen und finanziellen Mittel hat, die weitere Entwicklung durchzuführen und das Arzneimittel zu kommerzialisieren.

Ein Spezialfall für die Einlizensierung von Arzneimittelprojekten durch größere Pharmafirmen dient der Konkurrenzabschottung.

Falls es vergleichbare Projekte in der eigenen Firma gibt, kann durch eine taktische Lizenznahme verhindert werden, dass das konkurrierende Projekt eine Bedrohung für die Vermarktung des eigenen Produkts darstellt.

Das einlizensierte Projekt wird sozusagen „schubladisiert" und steht gegebenenfalls als „back up" zur Verfügung, falls es Entwicklungsprobleme mit dem eigenen Projekt gibt.

Bislang wurden sequenzielle Kooperationsmodelle vorgestellt, wo ein Lizenzgeber dem Lizenznehmer die Ergebnisse seiner Arbeit übergibt.

Denkbar und in der Praxis üblich sind auch solche

Kooperationsformen wo beide Partner sozusagen „Hand in Hand"
zusammenarbeiten.

Codevelopment

Im Fall eines Codevelopment beteiligen sich zwei (oder mehrere)
Firmen an der Entwicklung eines Produkts.
Dadurch lassen sich Kosten und Risiko minimieren. Für eine Arznei-
mittelentwicklung ist auch vorstellbar, dass unterschiedliche Indika-
tionen von unterschiedlichen Firmen entwickelt werden.
Ebenso können die Entwicklung von Herstellungsprozess oder un-
terschiedlichen Darreichungsformen von verschiedenen Firmen im
Rahmen eines Codevelopment durchgeführt werden.
Je nach Beitrag einer bestimmten Firma muss ein passendes Beteili-
gungsmodell gefunden werden, um im Erfolgsfall eine angemessene
Vergütung sicherzustellen.

Marketing Kooperation

Dieses Kooperationsmodell findet Anwendung auf fertig entwickelte
Arzneimittel in Zusammenhang mit deren Vermarktung.
Bereits erwähnt wurde, dass in der Regel eine internationale Vermarktung die Basis für Refinanzierung und Rentabilität darstellt.
Nicht alle Pharmafirmen sind global agierende Konzerne. Viele haben einen regionalen Vermarktungsschwerpunkt und zusätzlich Ko-
operationspartner in den Regionen wo sie selbst nicht oder nur
schwach präsent sind.

Ein fiktives Beispiel soll zeigen, wie dies funktionieren könnte:

Lizenzgeber sei eine US Pharmafirma, die eine internationale Markt-zulassung für ein neues Arzneimittel gegen Bluthochdruck erhalten hat.
Die Vermarktung in USA erfolgt durch die US Firma, ebenso die Herstellung des Produktes.
In Europa gibt es keine Vertriebsstrukturen, daher wird eine Vermarktungslizenz an eine europäische Pharmafirma für das Vermarktungsgebiet Europa vergeben.

Die Lizenz beinhaltet die Belieferung mit Produkt,
die Lizenzgebühr soll 35 % vom Umsatz in Europa betragen.

Angenommene Kostenstruktur des Arzneimittels:
- Herstellkosten   10 %
- Verwaltungskosten   10 %
- Marketing/ Vertrieb   40 %
- Deckungsbeitrag   40 %

_____

Herstellerabgabepreis   100 %

Kostensituation für den Lizenznehmer
- Lizenzgebühr   35 %
- Verwaltungskosten   10 %
- Marketing/ Vertrieb   40 %
- Deckungsbeitrag   15 %

_____

Herstellerabgabepreis   100 %

Zu beachten ist, dass der Lizenznehmer keine Entwicklungskosten hat, die refinanziert werden müssen, d.h. der Deckungsbeitrag ist der Gewinn!

Kostensituation für den Lizenzgeber

Der Lizenzgeber hat Lizenzeinnahmen von 35 % des Umsatzes in Europa abzüglich 10 % für Produktherstellung, bleiben 25 %.

Durch die Kooperation mit einem Lizenznehmer müssen keine Marketing- und Vertriebsstrukturen in Europa aufgebaut werden.
Darüber hinaus kann der Lizenzgeber gegebenenfalls von der Bekanntheit und der Vertriebskompetenz seines europäischen Partners profitieren.

Damit resultiert für beide Partner ein rentables und lukratives Geschäft.

Comarketing

Für Arzneimittel die ein großes Umsatzpotential haben kann es sinnvoll sein, dass sie in einem Land oder einer Region von zwei unterschiedlichen Pharmafirmen vermarktet werden.
Die Eigentümerfirma vergibt eine Lizenz zur Vermarktung.
Wird ein neuer Wirkstoff unter verschiedenen Namen (Warenzeichen) vermarktet, spricht man von Comarketing.

Vorteil ist, dass beide Produkte unterschiedlich positioniert und im Marketing differenziert werden können (z.B. unterschiedliche Packungsaufmachung, unterschiedliche Galenik, unterschiedliche Werbeaussagen).
Comarketing kann damit zu einer Marktausweitung führen.

Copromotion

Wird ein Arzneimittel mit einem bestimmten Namen (Warenzeichen) von zwei unterschiedlichen Firmen vermarktet, spricht man von Copromotion.

Hier müssen die Marketingmaßnahmen der Firmen gut abgestimmt werden, die Werbeaussagen und Produktinformationen müssen identisch sein.
Motivation dieser Kooperationsmaßnahme ist, dass die Vertriebsstrukturen von zwei Firmen zum Einsatz kommen. Durch die Erhöhung der „Vertriebsdrucks" resultiert dann in der Regel ein größerer Umsatz.

Quid pro Quo (Tausch)

Eine interessante Kooperationsform bei der die beteiligten Firmen überproportional profitieren ist der Tausch von Produkten oder ganzen Teilen einer Firma.
In vielen Pharmafirmen gibt es Produkte, die strategisch nicht mehr in das Produktportfolio passen, im Marketing vernachlässigt werden und damit auch in ihrer Umsatzbedeutung abnehmen.
Ein solches Produkt könnte allerdings für eine andere Firma einen wichtigen Baustein zur Abrundung des Sortiments darstellen und dieses damit aufwerten.
In einer „neuen Umgebung" könnten sich dann für das Produkt wieder ungeahnte Wachstumschancen ergeben.
Beim Tausch oder Quid pro Quo geht es also darum Produkte zu identifizieren, die jeweils eine bessere Vermarktungschance in einer anderen Firma haben und diese dann zu tauschen.
Ein etwaiger Wertunterschied kann dann finanziell ausgeglichen werden.

Ein Beispiel für ein Tauschgeschäft in einem größeren Umfang ist die Kooperation der Firmen Sanofi und Boehringer Ingelheim, die in 2016 realisiert wurde:
Sanofi tauscht seine Sparte Tiergesundheit gegen das Selbstmedikationsgeschäft von Boehringer Ingelheim. (38.)
Beide Firmen können damit ihre Marktposition im jeweiligen Geschäft erheblich verbessern.

Firmenkooperation

Firmenkooperationen sind Arbeitsteilungen von Firmen aufgrund fehlender Kompetenzen oder Möglichkeiten.

Für die Markteinführungsphase eines neuen Arzneimittels mag es beispielsweise sinnvoll sein, die Zahl der Außendienstmitarbeiter vorübergehend zu erhöhen, um ein neues Arzneimittel zeitnah einer großen Zahl von niedergelassenen Ärzten vorzustellen.
Statt neue Vertriebsmitarbeiter zu rekrutieren und später wieder zu entlassen, kann ein externer Außendienst mittels einer Vertriebskooperation befristet genutzt werden.
So können Marketingmaßnahmen flexibel gestaltet und umgesetzt werden.

Herstellkooperationen sind weitere Maßnahmen eigene Investitionen zu vermeiden oder Kapazitätsengpässe abzusichern.
Insbesondere bei der biopharmazeutischen Herstellung von Arzneimitteln hat sich diese Kooperationsform bewährt, weil einerseits der Aufbau von entsprechenden Herstellkapazitäten langwierig, teuer und kompliziert ist, andererseits im Fall von nur einem oder wenigen Biopharmazeutika im Produktsortiment das Risiko für eine eigene große Investition überhöht wäre.
Strategie vieler Pharmafirmen, die sich neu im Bereich

Biopharmazeutika etablieren möchten ist deshalb, zunächst mittels eines Lohnherstellers den Einstieg in dieses Geschäftsfeld zu sichern, um dann in einem zweiten Schritt eine eigene Herstellkapazität aufzubauen. Erst wenn sich abzeichnet, dass sich ein Biopharmazeutikum sicher im Markt etabliert hat, beziehungsweise wenn eine ausreichende Zahl von Produkten im Portfolio vorhanden ist, ist eine solide Basis für eine eigene Investition geschaffen.

Auch bei der schnellen Versorgung der Weltbevölkerung mit einem Impfstoff gegen das Corona Virus hat sich gezeigt, wie wichtig Kooperationen im Herstellungsbereich sind.

Die opportunistische Auslagerung von nichtstrategischen Unternehmensaktivitäten gehört gleichfalls ins Spektrum von Firmenkooperationen.
Dies wird als Outsourcing bezeichnet.
Beispielsweise werden IT Dienstleistungen, Lohnbuchhaltung, Organisation von Reisen oder Mitarbeiterverpflegung gerne nach Extern vergeben.

Merger & Akquisition (M&A)

Abschließend noch ein paar Ausführungen zu den großen Kooperationsaktivitäten der Industrie.
Diese stellen oft einen finanziellen Gegenwert in Milliardenhöhe dar.
So wurde beispielsweise die Übernahme von Warner-Lambert durch den Pharmariesen Pfizer in 1999 mit fast 90 Milliarden USD beziffert. (39.)

Ein Merger bedeutet die Zusammenlegung zweier etwa gleich großer Firmen. Es entsteht eine neue Firma, meist mit einem neuen

Namen.

So entstand Anfang 2021 der neue Autokonzern Stellantis durch Verschmelzung der Firmen PSA und Fiat Chrysler

Aus den ehemaligen Pharmafirmen Ciba Geigi und Sandoz wurde Novartis. Als der Novartis 1996 gebildet wurde war dies die weltweit größte Firmenfusion.

Im Fall einer Akquisition kauft eine größere Firma eine kleinere Firma.

VW übernimmt Skoda und Seat, aus Marketinggründen und zur besseren Differenzierung bleiben die Firmennamen erhalten.

Im Pharmabereich übernimmt Bayer die Berliner Pharmafirma Schering, der Name Schering verschwindet.

M&A Komplexität

Die Komplexität derartiger Kooperationen wird häufig unterschätzt.

Erwartet wird ein Wachstum von Umsatz und Profit durch Zusammenlegung von Funktionen und Personalreduktion.

Darüber hinaus werden Kompetenzgewinn sowie Synergieeffekte erwartet durch ergänzende Forschungs- und Entwicklungsaktivitäten.

In der Realität wird dann allerdings festgestellt, dass oftmals sehr unterschiedliche Firmenkulturen zusammentreffen, was zu einer Verunsicherung der Mitarbeiter führen kann.

Dabei kann es zu Lähmungsprozessen kommen, was bedeuten kann, dass der Integrationsprozess länger als geplant dauert und mehr kostet.

Oft werden auch die erwartenden Synergien nur teilweise erreicht.

Insgesamt nimmt die Komplexität des neuen größeren Unternehmens zu und dessen Steuerung wird aufwendiger.

Dadurch kann es wiederum zu einer Verlangsamung der Entscheidungsprozesse kommen.

Die genannten Effekte aus einem M&A Prozess können resultieren, müssen es aber nicht zwangsweise.
Die Verantwortlichen müssen sich lediglich im Klaren sein, wo Schwachstellen liegen könnten und versuchen, rechtzeitig entsprechende Gegenmaßnahmen zu treffen.

Kooperationen in der pharmazeutischen Industrie sind wichtige Instrumente zur Entwicklung und Vermarktung von Arzneimitteln.
Darüber hinaus können Geschäftsabläufe optimiert und Marketingmaßnahmen unterstützt werden.

Aus diesem Grund erschien es wichtig, wenigsten einen kurzen Einblick in das Thema Kooperationen zu geben und die wichtigsten Kooperationsformen zu benennen.

10. Internationale Aspekte der Arzneimittel Vermarktung

Arzneimittel werden in der Regel international vermarktet, um so die hohen Entwicklungsaufwendungen zu kompensieren. Dabei müssen die Hersteller die jeweils nationalen Gesetze und Regularien berücksichtigen. Dies betrifft insbesondere die Packungsinformationen in der jeweiligen Landessprache sowie nationale Anforderungen bezüglich Informationen zum Arzneimittel.

Cross-border selling

Bedingt durch einen unterschiedlichen Lebensstandard einerseits als auch die unterschiedliche Kostenerstattung durch die jeweiligen Krankenkassen in unterschiedlichen Regionen andererseits resultieren zum Teil sehr große Preisunterschiede für ein bestimmtes Arzneimittel in verschiedenen Ländern.

Beispielhaft seien Insulinprodukte genannt, die in USA erheblich teurer als beispielsweise in Mexiko sind.

Insulinbedarf für 3 Monate (40.):

Preis in USA	3700 USD
Preis in Mexiko	600 USD

So ist es nicht verwunderlich, daß in USA Patienten nicht nur in grenznahen Regionen nach Mexiko reisen , um sich dort mit entsprechenden Arzneimittel versorgen. Im Prinzip illegal, gibt es allerdings selbst von der US Behörde FDA Unterstützung dieses Vorgehen zu legalisieren. Mittels einer Informationsschrift (Personal Importation) werden in einer Frage/ Antwort Situation wichtige

Aspekte behandelt, um einen Konflikt mit US Gesetzen zu vermeiden. Hauptmotivation der US Behörde dürften die Einsparungen für die Kostenträger sein und um damit auch ärmeren Bevölkerungsschichten Zugang zu hochwertigen Arzneimitteln zu verschaffen.

Bedenken gibt es allerdings bezüglich der Arzneimittelqualität insbesondere bei Bezug aus Entwicklungsländern, weil Fälschungen befürchtet werden.

Reimporte

Neben der privaten Versorgung von Arzneimitteln aus dem EU Ausland nutzen Handelsfirmen (Importeure) die Preisdifferenz in unterschiedlichen EU Ländern. Dabei kommt beispielsweise ein in Deutschland hergestelltes Arzneimittel in einem anderen EU Staat für den dortigen Markt und zum dortigen (niedrigeren) Preis in den Grosshandel.
Der Importeur kauft die Ware, veranlasst eine Umverpackung gemäß AMG und kann diese so zu vergleichsweise günstigeren Konditionen in den deutschen Handel bringen. (41.)

Parallelimporte

Parallelimporte sind Arzneimittel die nicht in Deutschland sondern in einem anderen EU Staat für die Vermarktung in einem EU Niedrigpreisland hergestellt werden und die parallel zum Orginalprodukt für den deutschen Markt importiert werden.
Voraussetzung ist, dass das importierte Arzneimittel in dem Land aus dem es importiert wird zugelassen sein muss. In einem „vereinfachten Verfahren" und unter Bezugnahme auf ein deutsches Orginalprodukt kann eine nationale Zulassung für den Vertrieb in Deutschland erhalten werden. Besteht für das importierte

Arzneimittel eine EU weite Zulassung, wird dies als Parallelvertrieb bezeichnet. (41.)

Apothekenversandhandel

Versandapotheken im Ausland gewähren Rabatte auf verschreibungspflichtige Arzneimittel, die nach Deutschland geliefert werden. In Deutschland ansässige Apotheken können keine Rabatte geben weil sie an die Arzneimittelpreisverordnung gebunden sind und sind damit benachteiligt. Gemäß einem Urteil des europäischen Gerichtshofs (EUGH) von 2016 wurde das Vorgehen der ausländischen Versandapotheken als rechtsmäßig bestätigt. Der derzeitige Gesundheitsminister beabsichtigt allerdings über eine Kostenverweigerung der gesetzlichen Krankenkassen diese Rabatte wieder zurückzudrängen.

Ob und inwiefern dies gelingt und mit EU Recht vereinbar ist wird sich zeigen.

Arzneimittelverfügbarkeit

Eine Konsequenz der internationalen Herstellung und Vermarktung von Arzneimitteln hat mittlerweile auch den deutschen Arzneimittelmarkt erreicht. Zur Optimierung der Herstellkosten werden von den deutschen Arzneimittelherstellern zunehmend Wirkstoffe bei Produzenten aus Ländern mit einem niedrigen Preisniveau bezogen. Wenige Firmen produzieren dann bestimme Wirkstoffe und beliefern zahlreiche Pharmafirmen auf der ganzen Welt. Kommt es dann beispielsweise durch Qualitätsmängel zu Lieferunterbrechungen, können zeitgleich viele Arzneimittelhersteller die benötigten Fertigarzneimittel nicht zu Verfügung stellen. Es kommt zu Versorgungsengpässen und Lieferunterbrechungen bei den Apotheken.

Laut dem deutschen Apothekerverband hat sich die Zahl der nicht verfügbaren Rabattarzneimittel von 4,7 Millionen Packungen in 2017 auf 9,3 Millionen Packungen in 2018 fast verdoppelt (42.).
In letzter Konsequenz müssen dann Patienten auf alternative Arzneimittel umgestellt werden. Das Problem der Abhängigkeit von wenigen, meist asiatischen Wirkstoffherstellern wurde mittlerweile auch durch die Politik erkannt und es werden gesetzliche Maßnahmen diskutiert, diesen Mangel zu beseitigen.

Die Arzneimittelhersteller könnten beispielsweise dazu verpflichtet werden, einen Teil der Wirkstoffe selbst herzustellen beziehungsweise alternative Wirkstoffproduzenten zu qualifizieren. Daneben könnte eine Verpflichtung zur Aufstockung der Lagervorräte helfen, kurzfristige Lieferunterbrechungen beim Wirkstoffbezug abzufedern.

Beispielhaft sei der Wirkstoff Ibuprofen genannt. Millionenhaft werden Ibuprofen Fertigarzneimittel sowohl in der Selbstmedikation als auch durch ärztliche Verordnung verkauft.

Allerdings gibt es weltweit lediglich 6 Wirkstoffhersteller, die in etwa gleiche Marktanteile zwischen 10 und 20 Prozent haben:

Ibuprofen Wirkstoffhersteller (weltweit)

- Hubei Granules-Biocause	China
- Shandong Xinhua	China
- Solara	Indien
- IOLPC	Indien
- BASF	USA
- SI Group	USA

BASF produziert seit über 20 Jahren am Standort Bishop im US Bundesstaat Texas. Im Juni 2018 gab es einen mehrwöchigen Produktionsausfall aufgrund technischer Probleme. Andererseits wird dort eine 2. Produktionsanlage aufgebaut, die 2021 in Betrieb gehen soll.

Die chinesischen Hersteller sehen sich zunehmend konfrontiert mit Umweltauflagen, was sich auch auf die Liefersicherheit auswirken könnte (43.).

Darüber hinaus hat sich Anfang 2020 durch den Ausbruch der Corona Pandemie in China gezeigt, wie sich eine starke Abhängigkeit von Wirkstoffen auf die globale Versorgung mit Arzneimitteln auswirkt.

11. Biosimilars

Unter dem Abschnitt Patentschutz wurde bereits kurz das Thema „Biosimilars" gestreift. Bedingt durch eine zunehmende Zahl an Patentabläufen für biotechnologisch hergestellte Arzneimittel, die Festlegung von Voraussetzungen für eine Zulassung durch die US amerikanische und europäische Zulassungsbehörde (FDA bzw. EMA) sowie die hohen Umsätze, hat die Attraktivität zur Entwicklung, Herstellung und Vermarktung von Biosimilars zugenommen.

2019 lag der Jahresumsatz aller Biopharmazeutika in Deutschland bei 12, 7 Milliarden Euro. Dies entspricht einem Marktanteil von 29 % . Der Umsatz der Biosimilars betrug 1,5 Milliarden Euro und gegenüber dem Vorjahr (2018) eine Steigerung um 60 %. (44.)

Seit 2006 gab es ein rasantes Wachstum der Biosimilars:

Umsatzentwicklung von Biosimilars in Deutschland 2006 bis 2019 in Millionen Euro:

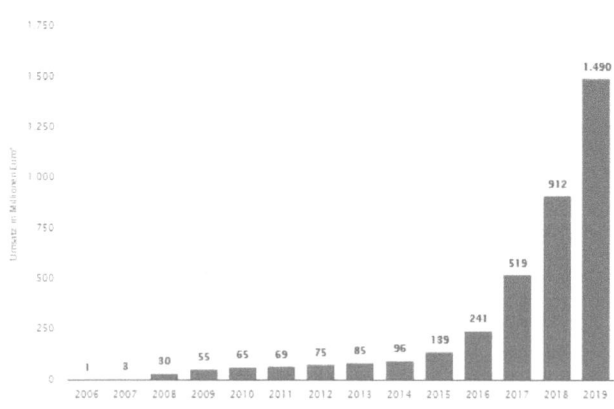

(45.) Quelle: Statista 2019

Patentabläufe von umsatzstarken Biopharmazeutika im Zeitraum 2013 bis 2019:

Wirkstoff (Produktname)	Patentablauf EU	Patentablauf US
Insulin Aspart (Novomix®, Novorapid®)	2013	2012
Rituximab (Mabthera®)	2013	2018
Insulin Glargine (Lantus®)	2014	2015
Trastuzumab (Herceptin®)	2014	2019
Etanercept (Enbrel®)	2015	2018
Infliximab (Remicade®)	2015	2018
Interferon Beta 1-A (Avonex®, Rebif®)	2015	2016
Pegfilgrastim (Neulasta®)	2015	2015
Ranibizumab (Lucentis®)	2018	2016
GlatiramerAcetate (Copaxone®)	2017	2014
Adalimumab (Humira®)	2018	2016
Bevacizumab (Avastin®)	2019	2019

(46.) Quelle: Statista 2017

Darüber hinaus gibt auch in den kommenden Jahren eine Vielzahl von Patentabläufen bei Biopharmazeutika, was das Marktsegment der Biosimilars weiter wird wachsen lassen.

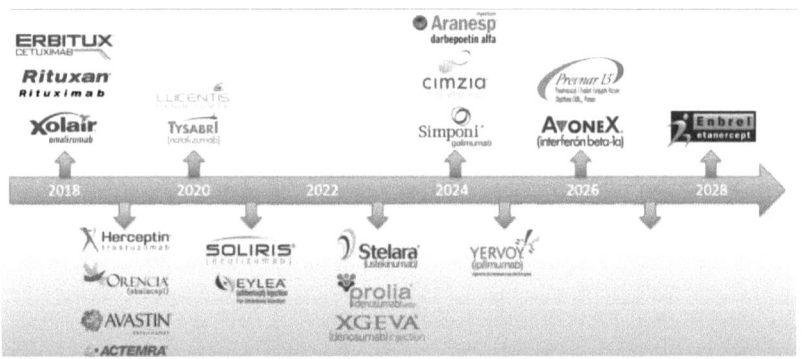

(47.)

Definitionsversuche

„... a product that is similar to a biological medicine
   that has already been authorized .... "
   (European Medicines Agency, EMA) (48.)

"Biosimilars are a type of biological product
that are licensed (approved) by FDA because they are highly similar
to an already FDA-approved biological product "
(Food and Drug Administration, FDA) (49.)

Ein Biosimilar ist ein „Kopieversuch"eines Biopharmazeutikums, wie
beispielsweise eines monoklonalen Antikörpers, eines Hormones
oder eines Enzymes, dessen Patent abgelaufen ist.
Das resultierende Biosimilar ist das Folgeprodukt, das zugrunde lie-
gende Biopharmazeutikum das Referenzprodukt.
Referenzprodukt und Biosimilar sind ähnlich (similar) aber nicht
identisch.
Ein Biosimilar ist also kein Generikum in Analogie zu einem
chemisch definierten Arzneimittelmolekül dessen Patent abgelaufen
ist, weil es Unterschiede in der molekularen Struktur zwischen
Biosimilar und dem Referenzprodukt gibt.
Diese Unterschiede beziehen sich beispielsweise auf Konformation
(räumliche Ausrichtung) und Glykosilierungsmuster und haben damit einen Einfluss auf Produkteigenschaften wie beispielsweise Im-
munogenität und Pharmakokinetik.

Similarität

Was bedeutet nun „similar" beziehungsweise, wie ähnlich muss das Biosimilar im Vergleich mit dem Referenzprodukt sein?

EMA: "Biosimilarity means high similarity in terms of structure, biological activity and efficacy, safety and immunogenicity profile."

Grundsätzlich muss die Aminosäuresequenz des Biosimilars mit der des Referenzprodukts identisch sein.
Das Glykosilierungsmuster und die Konformation des Biosimilar sind unterschiedlich zum Referenzprodukt.
Der Anwendungsbereich (Indikationsgebiet) ist identisch zum Referenzprodukt, wobei es nicht zwingend erforderlich ist, dass für das Biosimilar alle Indikationen, für die das Referenzprodukt zugelassen ist, geprüft wurden.
Sicherheits- und Wirksamkeitsprofil müssen vergleichbar bzw. zumindest nicht schlechter (non-inferior) zum Referenzprodukt sein.
Aufgrund der biologischen Variabilität der lebenden Organismen (Zellen, Bakterien, Hefen) mit Hilfe deren die Herstellung der Biosimilars erfolgt, resultieren die Unterschiede zum Referenzprodukt.
Darüber hinaus sind der Herstellungsprozess und die Prozessführung entscheidend wie nahe das Folgeprodukt dem Original (Referenzprodukt) ist.
Unterschiedliche Fermentationsbedingungen und Aufreinigungsprozesse der hergestellten Biopharmazeutika haben einen direkten Einfluss auf die Produktqualität und damit auf die Vergleichbarkeit mit dem Original („the process is the product").

Entwicklung und regulatorische Anforderungen

Generika sind identische Kopien von chemisch synthetisierten niedermolekularen Wirkstoffmolekülen deren Patent abgelaufen ist. Die Hersteller solcher Generika können sich bei der Beantragung einer Zulassung für die kommerzielle Vermarktung auf die bei den Zulassungsbehörden eingereichten klinischen Daten des Originalherstellers beziehen. D.h. viele der aufwendigen und teuren klinischen Prüfungen entfallen. Lediglich die Bioverfügbarkeit und die pharmazeutische Qualität der Generika müssen belegt werden.

Biosimilars sind keine identischen Kopien, daher müssen klinische Prüfungen (Phase I und Phase III) durchgeführt werden, um die Vergleichbarkeit hinsichtlich Wirksamkeit und Verträglichkeit mit dem Referenzprodukt zu bestätigen.

Für die Entwicklung von Biosimilars ist die analytische Charakterisierung des Referenzproduktes von zentraler Bedeutung. Bedingt durch eine Chargenvariabilität der Biopharmazeutika müssen möglichst viele unterschiedliche Chargen analysiert werden. Bei global vermarkteten Produkten müssen gegebenenfalls unterschiedliche Hersteller beziehungsweise Produktionsstandorte berücksichtigt werden. Seitens der FDA wird hierbei ein sogenanntes „fingerprinting" gefordert, um über ein statistisch abgesichertes „abtasten" des Referenzproduktes mit unterschiedlichen analytischen Methoden ein realistisches Produktprofil zu erhalten, das dann die Basis für die Entwicklung des Biosimilars bildet. Ausgangspunkt für den Nachweis der Similarität sind strukturelle Untersuchungen bezüglich der Aminosäuresequenz, Aminosäurezusammensetzung, terminale Aminosäuresequenzen, Peptid Mapping, Sulfhydryl Gruppen, Disulfid Brücken und der Kohlenhydratstruktur.

Daneben müssen physikochemische Eigenschaften wie Molekular-
gewicht oder Molekülgröße, Isoformen Muster, Extinktionskoeffi-
zient, Muster der Flüssigkeitschromatographie sowie das spektro-
skopische Profil untersucht werden. (50.) Ohne auf die Details zur
Entwicklung von Biosimilars einzugehen, kann folgender grober Ent-
wicklungsplan skizziert werden:

Präklinische Entwicklung von Biosimilars:

In in-vitro Studien muss ein vergleichbares Verhalten zum Originalprodukt resultieren, z.B. bzgl. Rezeptorbindung.
In in-vivo Studien (Tierversuche) wird eine vergleichbare Pharmakokinetik (PK) und Pharmakodynamik (PD) geprüft.

Klinische Entwicklung von Biosimilars:

Phase 1 :

PK/ PD im Vergleich zum Original am Menschen/Patienten.

Phase 2:

entfällt. Pharmazeutische Formulierung, Dosis und Darreichungsweg
muss identisch zum Originalprodukt sein.
Falls in Phase 1 Unterschiede festgestellt werden, muss eine Phase 2
Studie (zur Ermittlung des Dosis/Wirkung Verhältnisses) durchgeführt werden.

Phase 3:

Sicherheit mit denselben Kriterien wie für das Originalprodukt.

Substitution Referenzprodukt durch ein Biosimilar

Die Substitution eines Referenzproduktes durch ein Biosimilar, d.h. die Gabe eines Biosimilars an Stelle des Referenzprodukts, ist in der EU nicht einheitlich geregelt.
Zuständig ist das jeweilige Mitgliedsland. In Deutschland darf die Substitution nur durch den Arzt mittels einer entsprechenden Verordnung durchgeführt werden.
Eine Substitution „aut idem" durch den Apotheker ist in Deutschland nicht möglich.
In den USA besteht die Möglichkeit einer automatischen Substitution eines Referenzprodukts durch ein Biosimilar. Entsprechende Gesetze wurden bereits von 45 Bundesstaaten erlassen (Stand Februar 2019). (51.)

Biobetter

Eine Alternative zur Entwicklung von Biosimilars sind die sogenannten Biobetter.
Der Entwicklung liegt ebenso wie beim Biosimilar ein anderes Biopharmazeutikum zugrunde. Entwicklungsziel ist es allerdings eine Überlegenheit gegenüber dem Referenzprodukt nachzuweisen. Neben Kosteneinsparungen gegenüber einer Neuentwicklung ist hier ein Patentschutz beziehungsweise eine Vermarktungsexklusivität möglich.
Beispielsweise entwickelt die deutsche Firma Glycotope ein Biobetter (TrasGex) zu Herceptin. Die Antigen Bindung ist vergleichbar zu Herceptin, die ADCC Eigenschaften (antibody dependent cellular toxicity) sollen optimiert werden.

Bioidentical

Eine Besonderheit, die aus Marketingüberlegungen resultiert ist ein „Bioidentical", dem ein identischer Produktionsorganismus und derselbe Herstellungsprozess zugrunde liegt bzw. wo eine weitere Zulassung für ein bestimmtes Biosimilar beantragt wird.

Im Rahmen eines Comarketings kann dann ein Biosimilar unter zwei Markennahmen ausgeboten werden, die als identisch gelten, wie nachfolgend am Beispiel von Filgrastim dargestellt:

Filgrastim Hexal und Zarzio sind identisch weil vom selben Wirkstoffhersteller (Sandoz) mit derselben Zellinie hergestellt.

Dasselbe gilt für Ratiograstim und Tevagrastim sowie für Grastrofil und Accofil.

Originalpräparat

Präparat	INN (Wirkstoff)	Zulassungs-inhaber	Wirkstoff-hersteller	Zell Linie
Neupogen®	Filgrastim	Amgen	Amgen	E. coli

Biosimilars

Filgrastim Hexal®	Filgrastim	Hexal	Sandoz	E. coli
Zarzio®	Filgrastim	Sandoz	Sandoz	E. coli
Ratiograstim®	Filgrastim	Ratiopharm	SICOR Biotech	E. coli
Tevagrasrim®	Filgrastim	Teva	SICOR Biotech	E. coli
Nivestim®	Filgrastim	Hospira	Hospira	E. coli
Grastofil®	Filgrastim	Apotex	Intas Pharma.	E. coli
Accofil®	Filgrastim	Apotex	Intas Pharma.	E. coli

Vermarktung von Biosimilars

Durch die Einführung von Generika konnten die Ausgaben für Arzneimittel drastisch abgesenkt werden. Die in Kapitel 6 beschriebenen Maßnahmen für Obergrenzen zur Erstattung von Arzneimittelpreisen (Festbeträge) in Deutschland durch die Krankenkassen haben den Trend zur Verschreibung von Generika verstärkt. Lediglich eine gute pharmazeutische Qualität eines Originalanbieters und die subjektive Erfahrung einer guten Verträglichkeit eines bestimmten Arzneimittels bleiben Argumente des Arztes, kein Generikum zu verschreiben, mit der Konsequenz einer Aufzahlung bzw. Zuzahlung durch den Patienten.

Im Fall von Biosimilars liegt eine völlig andere Situation vor, weil objektiv unterschiedliche Produkte vorliegen, auch wenn die Unterschiede nur Teile der Molekülstruktur betreffen.
Ein Patient, der auf ein bestimmtes Biopharmazeutikum eingestellt ist, kennt sowohl dessen Wirkprofil, als auch dessen Verträglichkeit und wird dies dem behandelnden Arzt zurückmelden.
Ein nicht medizinisch begründeter Wechsel zu einem Biosimilar ist daher mit einem Risiko verbunden, dass die Behandlungsqualität verändert oder sogar verschlechtert wird. Dabei hat auch die Behandlungsdauer einen Einfluss auf die Bereitschaft der Ärzte zur Umstellung auf ein Biosimilar. Produkte für einen kurzfristigen Einsatz (z.B. Filgrastim, Epoetin) werden eher umgestellt als Produkte für einen längerfristigen Einsatz (z.B. Somatropin).(52.)
Anders verhält es sich bei einer Erstverschreibung: Hier gibt es für den neuen Patienten keine Vorerfahrung und damit auch weniger Bedenken seitens der Ärzteschaft gegenüber einem Biosimilar.

Für die Hersteller und Anbieter von Biosimilars ist ein schneller Marktzugang extrem wichtig für den Marketingerfolg, um von einer Umstellung vom Original auf ein Biosimilar zu profitieren.

Neben den Generikaherstellern wie beispielsweise Hexal oder Teva gibt es mittlerweile auch Pharmahersteller mit Originalprodukten, die beabsichtigen Biosimilars anbieten. Dabei wird einerseits versucht, die Originale über Patentverletzungsklagen und Argumente gegen Biosimilars zu schützen, und andererseits eben solche Biosimilars selbst anzubieten.
Dies kann dann zum Verlust von Glaubwürdigkeit führen, wenn es nicht gelingt, die duale Strategie glaubhaft zu argumentieren. Dies kann beispielsweise dadurch versucht werden, indem mit den höherpreisigen Originalen ein besserer Produktservice verbunden wird.

2017 lag der Umsatz der Biosimilars weltweit bei etwa 5,5 Mrd. USD, bis zum Jahr 2022 soll dieser auf 21 Mrd. USD anwachsen (53.). Die Entwicklungskosten von Biosimilars liegen je nach Produkt im Bereich von 150 bis 300 Mio. USD, und damit sicherlich noch weit unter den Kosten einer kompletten Neuentwicklung für ein innovatives Arzneimittel (54.).
Durch die im Vergleich zu einem Generikum aufwendigere Entwicklung und Herstellung eines Biosimilars werden die Preise für Biosimilars sicherlich nicht (wie im Fall von Generika)„ins Bodenlose" fallen.
2014 lag der Preisabschlag in einer Größenordnung von 20 bis 25 % im Vergleich zum Referenzprodukt (55.).
Mittlerweile (2020) bis fast 50 % (vgl. Patentfall Adalimumab) (56.)

Patentfall Adalimumab in Europa

Adalimumab wird in der Therapie von entzündlich-rheumatischen Erkrankungen wie rheumatoider Arthritis, bei chronisch-entzündlichen Darmerkrankungen wie Colitis ulcerosa oder Morbus Crohn sowie bei schweren Fällen von Schuppenflechte angewendet. Der monoklonale Antikörper ist das erste rekombinant hergestellte menschliche Immunglobulin G1, das sich gegen TNF-alpha richtet.

Das Patent von Adalimumab ist am 17. Oktober 2018 in Europa erloschen.
Adalimumab beziehungsweise das Orginalprodukt Humira® der Firma AbbVie war zu diesem Zeitpunkt weltweit mit Abstand das umsatzstärkste Arzneimittel mit einem Jahresumsatz in 2017 von 18,9 Mrd USD. (11.)
Erwartungsgemäß haben sich zahlreiche Pharmafirmen auf diesen Patentfall vorbereitet, um einen Teil der Humira® Umsätze für die die eigene Firma zu sichern.

Zum Zeitpunkt des Patentablaufes standen 5 durch die EMA zugelassene Adalimumab Produkte zur Vermarktung bereit.
Diese hatten bereits bis Jahresende 2018 einen Versorgungsanteil von ca. 30 % in Deutschland mit Preisabschlagen bis 40%. (57.).
Die weltweiten Umsätze von Humira sanken bereits in 2018 auf 13,7 Mrd USD (10.) .
Mittlerweile (Stand Februar 2020) hat sich ein Preisabschlag von 47 % für die Adalimumab – Biosimilars gegenüber dem Orginalprodukt eingestellt.
Seit August 2019 kam mit Idacio® ein weiteres Adalimumab- Biosimilar auf den Markt. (56.)

Übersicht der Adalimumab Biosimilar Produkte:

Wirk-stoff	Arzneimit-tel	Zweit-marke zu	Firma	Herstel-ler Wirkstoff	Produktion in	Zelli-nie	Referenz
Ada-limumab	Amsparty®		Pfizer	Wyeth	USA	CHO	Humira®
Ada-limumab	Idacio®		Fresenius Kabi	Merck Serono	Schweiz	CHO	Humira®
Ada-limumab	Imraldi®		Samsung Bioepis	Biogen Idec	USA	CHO	Humira®
Ada-limumab	Hali-matoz®	Hefiya®, Hyrimoz®	Sandoz	Sandoz/ Cook Pharmica	Östereich/ USA	CHO	Humira®
Ada-limumab	Hefiya®	Hali-matoz®, Hyrimoz®	Sandoz	Sandoz/ Cook Pharmica	Östereich/ USA	CHO	Humira®
Ada-limumab	Hyrimoz®	Hali-matoz®, Hefiya®	Sandoz	Sandoz/ Cook Pharmica	Östereich/ USA	CHO	Humira®
Ada-limumab	Hulio®		Mylan	Charles River Lab	USA	CHO	Humira®
Ada-limumab	Amgevita®		Amgen	Amgen	USA	CHO	Humira®

Quelle: VfA, Dezember 2020 (58.)

12. Digitalisierung im Gesundheitswesen

Gastbeitrag von Hanno Wolfram – Kontakt: Hanno@Innov8.de

Digitalisierung

Digitalisierung ist ein Begriff, der eher in Deutschland verwendet wird. In den angelsächsischen Ländern gehört der Begriff *„digitalisation"* inhaltlich in die 80- und 90-iger Jahre des letzten Jahrhunderts. Damals meinte der Begriff den Siegeszug der Personal Computer. Heute hat jeder einen Personal Computer und dieser Begriff wird im Englischen nur noch selten verwendet. Wenn es um das geht, wofür wir *Digitalisierung* verwenden, nutzt man im englischen eher den Begriff *„digitization"*.

In unserer deutschen Sprachwelt findet sich der Begriff „Digitalisierung" praktisch überall. Es vergeht kein Tag, an dem in Medien nicht von *Digitalisierung* die Rede ist. Politiker und Unternehmensführer rühmen sich gleichermaßen mit Aktivitäten und Planungen zur Digitalisierung. Eine klare und eindeutige Definition und Zuordnung des Wortes „Digitalisierung" für die multiplen Anwendungsbereiche erscheint in der Regel allerdings ausgeschlossen. In Anlehnung an den Satz: „Everyone agreed, until it was defined", muss es im Alltag von überaus großer Bedeutung sein, bei jeder Verwendung und im Zusammenhang mit dem jeweiligen Sachverhalt, die jeweilige Bedeutung des Begriffes *Digitalisierung* explizit festzulegen.

Unser Alltag ist digital

Die GSM- oder Mobiltelefonie, die wir heute alle an jedem Tag verwenden, ist eines der vielen Beispiele umfassender Digitalisierung unseres Alltags. Nachdem die Funktionen eines Smartphones weit über die Telefonie hinausreichen, muss klar sein, dass jede App, die wir verwenden, die Navigation, von der wir uns leiten lassen und all die anderen vielfältigen Verwendungen eines Smartphones ihrer Natur nach vollständig digital stattfinden. Das Gegenteil zu *digital* ist hier *analog*.

Die erste Zeile der Begriffsklärung von Digitalisierung in Wikipedia lautet:

> *„Der Begriff Digitalisierung bezeichnet im ursprünglichen Sinn das Umwandeln von analogen Werten in digitale Formate. Die so gewonnenen Daten lassen sich informationstechnisch verarbeiten, ein Prinzip, das allen Erscheinungsformen der Digitalen Revolution (die heute zumeist gemeint ist, wenn von Digitalisierung die Rede ist) im Wirtschafts-, Gesellschafts-, Arbeits- und Privatleben zugrunde liegt.“*

Damit ist hinlänglich erklärt, dass Digitalisierung unseren Alltag heute praktisch umfänglich bestimmt. Ob es die Anzeige der Wartezeit an der Bushaltestelle, die Wettervorhersage für den Abend oder Messengerdienste und die E-Mail ist: all dies findet, meist schon lange, vollständig digital statt.

Sowohl im Büro als auch zu Hause, verwendet jeder von uns digitale Tools, mit dem Aufgaben regelmäßig erledigt werden. Dem aufmerksamen Betrachter fällt dabei auf, dass die vorhandene Flexibilität der aktuellen Systeme auch einer deren Schwachpunkte ist. Nur selten

wird die digitale Produktivität administrativer Arbeit, auf den Prüf-
stand gestellt. Eine Vielzahl von elektronischen / digitalen Dokumen-
ten belegt, dass sie zwar am Bildschirm erstellt wurden, Nutzer sich
aber nur selten fragen, wie die Nutzung digitaler Medien das Leben
erleichtern sollten. Vielen Ergebnissen ist anzusehen, wie sehr sich
ein Anwender Mühe gegeben hat und wie viel Stunden er mit Aufgaben verbracht hat, die deutlich schneller hätten erledigt werden können. Es wird noch lange dauern, bis der ganz normale PC und die zentralen Programme, wie z.B. Microsoft Office, so verwendet werden,
dass sie umfassenden und produktiven Nutzen stiften und dem Anwender Zeit für Anderes, Sinnvolleres oder Schöneres schaffen.

Digitale Veränderungen

So triviale Sachverhalte wie das Vereinbaren eines Treffens in der
Freizeit, bedurfte noch vor 20 Jahren eines erheblichen planerischen
Aufwands. Die Beteiligten mussten vorab klären, wann und wo man
sich trifft. Diese Klärung fand zwingend persönlich oder mindestens
am stationären Telefon statt. Nach der Klärung und der Zusage des
Zeitpunktes folgte der Ort. Erste wenn diese beiden Parameter verabredet waren, konnte ein Treffen stattfinden. Veränderungen von
Ort und Zeit waren danach im Grundsatz unmöglich. Das Risiko, Be-
teiligte an der Verabredung zu „verlieren" war enorm.

Die Digitalisierung unserer Kommunikationswege hat heute dazu geführt, dass Verabredungen grundsätzlich anders stattfinden: Es wird
nicht mehr geplant, sondern man verabredet sich ad hoc.

Ob dies am Arbeitsplatz im kleinen Kreis stattfindet oder als
Flashmob geplant wird, ist gleichgültig: Jemand legt einen passenden
Ort fest oder hält sich an einem passenden Platz auf und bittet von
dort aus andere dazu.

Ermöglicht wird dies u.a. durch die umfassende, digitale Telefonie und die Nutzung von Messengerdiensten. Zusammen mit den weitreichenden, unterschiedlichen und individuell anpassbaren Anwendungen eines Smartphones, besitzen wir heute digitale Tools, die unseren Alltag in wenigen Jahren disruptiv verändert haben. Disruptiv bedeutet, dass Althergebrachtes in Unordnung gebracht oder grundlegend verändert wurde.

Ebenfalls einen Gedanken wert ist der Fakt, dass wir zu Zeiten der analogen Telefonie, primär einen Haushalt oder ein Unternehmen kontaktiert haben. Erst danach wurden wir mit der gewünschten Person verbunden. Der Anrufende wusste zunächst nicht, wer seinen Anruf beantwortet. Der Angerufene wusste in der Regel nicht, wer am anderen Ende anrief. Alle unterschiedlichen und digitalen Versionen der Kontaktaufnahme, richten sich heute grundsätzlich an ein spezifisches Individuum „am anderen Ende." Kontaktaufnahme findet heute grundsätzlich gezielt und 1:1 statt. In praktisch jedem Fall ist der Adressat ein vorher feststehendes und geplantes Individuum, wobei es auch noch gleichgültig ist, an welchem Ort der Welt sich der angerufene gerade aufhält. Der Angerufene weiß in aller Regel, wer anruft.

Digitalisierung im Gesundheitswesen

Definition: In diesem Zusammenhang bedeutet *Digitalisierung*, dass Akteure und deren Hardware *elektronisch vernetzt* sind. Das Internet stellt die globalen Datenautobahnen, die technische Infrastruktur. Es geht nicht um die Inhalte des Internets (Web 2.0).

Entsprechend unseres Sozialgesetzbuchs V (SGB V) besteht das deutsche Gesundheitswesen aus drei Sektoren:

1. Der stationäre Sektor (Krankenhaus)
2. Der ambulante Sektor (ambulante Medizin)
3. Die Rehabilitation

Der Bereich der Pflege kann inzwischen als vierter Sektor angesehen werden.

Sektor Krankenhaus

Nach einer Befragungsuntersuchung bei den 500 größten Krankenhäusern Deutschlands[1], geben 90 % der Krankenhausmanager an, eine Digitalisierungsstrategie zu haben. Daneben steht die Aussage, dass 91 % aller Krankenhäuser weniger als 2 % vom Umsatz für Informationstechnologie aufwenden. Bei 41 % der Krankenhäuser ist es sogar weniger als ein Prozent. Nur in jedem zehnten Krankenhaus wird die Informationstechnologie als wichtiges Investitionsfeld genannt.

Allerdings sind die digitalen Defizite auch im Jahr 2020 noch erheblich. In Deutschland gibt es noch kein einziges Krankenhaus, in dem eine durchgehende digitale Patientenakte existierte. Am Beispiel des

---

[1] Roland Berger Krankenhausstudie 2017

IT-gestützten, geschlossenen Medikationskreislaufs, der menschlich verursachte Fehler bei dem Medikationsprozess verhindern und dadurch die Qualität der Versorgung in den Krankenhäusern verbessern soll lässt sich das existierende Defizit ebenfalls gut erkennen: „In Deutschland haben dies nur 1 Prozent der Kliniken, in den USA bereits über 40 Prozent." [2]

Selbstverständlich kommen heute in allen Krankenhäusern viele digitale Systeme zum Einsatz: Bereits die Kodierung von Krankenhausleistungen und deren Abrechnung mit den Kostenträgern, ist von dem Vorhandensein und der Nutzung von Computersystemen vollständig abhängig.

Was allerdings ebenso wichtig ist: Ärzte im Krankenhaus verschwenden zwischen 30% und 40% ihrer täglichen Arbeitszeit mit administrativen Aufgaben. In zu vielen Krankenhäusern gibt es bis heute keine elektronische Patientenakte. Die berühmte Chefarzt-Visite erinnert, wegen der vielfach immer noch papiergestützten Patientenakten, oftmals an eine *Altpapiersammlung*.

Die Spannweite der Fertigstellung von Operationsberichten für die zuweisenden ärztlichen Kollegen, reicht von wenigen Minuten in digitalisierten Kliniken, bis zu mehreren Wochen in papierbasierten Krankenhäusern und mit Diktaphon-bewaffneten Ärzten. Der Autor erinnert einen Chefarzt, dessen Diktatband(!) mit den Befundberichten eines gesamten Tages versehentlich gelöscht wurden. Alles auf Anfang.

Noch viel zu häufig, sind selbst Abteilungen innerhalb von Krankenhäusern nicht miteinander vernetzt. Dies führt dazu, dass zum

---

[2] „Krankenhaus Report 2019" (Hrsg. Jürgen Klauber, Max Geraedts, Jörg Friedrich, Jürgen Wasem/ SpringerOpen, 359 Seiten)

Beispiel Labordaten oder die Ergebnisse bildgebender Verfahren, als Hardcopy von Behandler zu Behandler weitergereicht oder sogar in Patientenhaushalten aufbewahrt werden.

Privatisierte Krankenhäuser belegen allerdings, wie schnell und effizient gearbeitet werden kann, wenn umfängliche Krankenhausinformationssysteme (KIS) etabliert werden. Diese Krankenhausinformationssysteme vernetzen die internen Akteure. Das Namensschild am Krankenbett wird z.B. durch einen Strichcode ergänzt und die im Idealfall immer aktuelle Krankenakte liegt Arzt und Pflegepersonal digital vor.

Auch durch die Nutzung vernetzter digitaler Systeme, führt die Übernahme von defizitären öffentlichen Krankenhäusern durch private Krankenhausketten, in der Regel nach etwa 24 Monaten, von einem defizitären Krankenhaus zu einem Unternehmen, das schwarze Zahlen schreibt.

Sektor ambulante Medizin

Ambulante Hausarztpraxen und auch die meisten Fachärzte werden heute umfänglich digital geführt. Die Einführung digitaler Abrechnungssysteme mit den kassenärztlichen Vereinigungen erforderte es bereits vor Jahrzehnten, dass Patientenakten in der jeweiligen Praxis gemeinsam mit den erbrachten Leistungen, digital geführt werden mussten. Abrechnungsinformationen werden online zur jeweiligen Kassenärztlichen Vereinigung übertragen. Nur dann kann abgerechnet werden, was den Widerspruch bei der Einführung sinnlos machte.

Was 2020 noch fehlt, aber auf einem guten Weg ist, ist die Vernetzung von Arztpraxen untereinander. Selbst in großen Ärztehäusern, fehlt meist der gemeinsame Server und damit der gemeinsame

Zugriff auf die gleichen Patientenakten. In vielen Medizinischen Versorgungszentren (MVZ), als einer Spezialform des „Ärztehauses", ist die Vernetzung der Systeme und Patientenakten zwischen den Behandlern allerdings Standard.

Bis zum Jahr 2018 wurden für die elektronische Gesundheitsakte bereits 1 Milliarde USD ohne jedes Ergebnis ausgegeben . Nun hat der derzeitige Gesundheitsminister[3] es sich zur Aufgabe gemacht, die ursprüngliche Planung zur „Gesundheitskarte" auf aktuelle technische Füße zu stellen.

Die sich sehr schnell entwickelnden digitalen Möglichkeiten sollen nunmehr dazu genutzt werden, dass ab Januar 2021 die elektronische Gesundheitskarte online verfügbar ist. Sie soll darüber hinaus Mitte 2021 für Patienten auf dem Smartphone nutzbar sein. Mit dem 1. Januar 2021 wurde die Möglichkeit der elektronischen Patientenakte (ePA) durch den Gesetzgeber offiziell eingeführt. Zum 1.1.2022 ist die Umstellung auf die ePA für alle verbindlich.

Die elektronische Patientenakte (ePA) ist das zentrale Element der vernetzten Gesundheitsversorgung und der Telematikinfrastruktur. Seit Januar 2021 müssen die gesetzlichen Krankenkassen ihren Versicherten eine solche ePA anbieten. So steht es im Terminservice- und Versorgungsgesetz (TSVG). Folgende Informationen über einen Patienten können zunächst in der ePA gespeichert werden:

- Befunde
- Diagnosen
- Therapiemaßnahmen
- Behandlungsberichte

---

[3] 2021: Jens Spahn, CDU

- Impfungen[4]

Sobald die ePA verfügbar ist, wird die Digitalisierung des Gesundheitswesens im Sinne der technischen Vernetzung Realität. Die technische Umsetzung der Patientenakte und die sichere Telematikinfrastruktur sind zentrale Schritte zu einer deutlich verbesserten Versorgung von Patienten. Die ePA wird sowohl von Arztsystemen als auch Patienten selbst „befüllt." Individuelle Tracker- und andere App-Daten können ebenfalls Eingang in die Patientenakte finden. Damit stehen diese Daten erstmals auch Behandlern zur Verfügung. Die elektronische Patientenakte gilt datenschutzrechtlich als DSGVO-konform[5].

Sektor Rehabilitation

Die medizinische Rehabilitation, auch als Anschlussheilbehandlung oder Kur bezeichnet, schließt sich meist direkt an eine stationäre Behandlung an. Beispiele sind die Reha nach Apoplex oder Myokardinfarkt. Bis heute bestehen die Anmeldungswege zu einer Anschlussheilbehandlung meist aus Telefon und Fax. Inwieweit die E-Mail dort Eingang gefunden hat, lässt sich nur schätzen. Wegen vielfältigster Bedenken, abgeleitet vor allem aus dem Datenschutz, ist davon auszugehen, dass der elektronische Transport von Nachrichten auch nach 2020 nur ein stiefmütterliches Dasein fristen wird. Es gibt allerdings erste Hinweise, dass die Nutzung des Telefax in absehbarer Zukunft, ebenfalls aus Datenschutzgründen, beendet werden wird.

---

[4] https://www.kbv.de/html/epa.php
[5] https://www.aerzteblatt.de/nachrichten/119416/

Derzeit nehmen Patienten ihre Vorbefunde üblicherweise im Umschlag auf Papier in Rehabilitations- oder Kurkliniken mit. Eine Vernetzung der ärztlichen Protagonisten ist in aller Regel nicht erkennbar. Die inhaltliche Vernetzung, auch zwischen Anbietern und Versicherungen, üblicherweise den Bezahlern, fehlt. Diese Vernetzung, sprich: Digitalisierung, könnte einen erheblichen Beitrag zu Qualitätssicherung und der Versorgungsforschung leisten.

Sicher wäre es für alle Beteiligten von Interesse zu lernen, was genau an der Rehabilitation Heilerfolge sichert oder „patient-outcome" verbessert.

Sektor Pflege

Ob bei Diskussionen mit der Bundeskanzlerin oder im Alltag, Pflegekräfte beklagen überall die administrative Last des Alltags. Auch hier beherrschen Zettel die Szene, die im besten Falle manuell in ein Computersystem übertragen werden. Die Dokumentation ist ein wichtiges Erfordernis der Bezahler und vielfach auch der Interpretation aktueller Gesetzeslagen geschuldet.

In deutschen Krankenhäusern und auch bei der Pflege andernorts, ergeben sich Anpassungserfordernisse zur Bewältigung der zahlreichen Herausforderungen, zu denen die Zunahme der absoluten Zahl an älteren Menschen, die Veränderungen der Beschäftigtenstruktur, die Arbeitsbedingungen in der Pflege wie auch der Prozess der Digitalisierung gehören. Vor diesem Hintergrund wird digitalen Techniken das Potenzial zugesprochen, die Situation in der Krankenhauspflege verbessern zu können. Es zeigt sich, dass digitale Technologien bereits zur Dokumentation, Informationsverarbeitung und Organisation sowie Kommunikation zwischen den professionellen Pflegekräften eingesetzt werden. Es wird davon ausgegangen, dass weitere

Informations- und Kommunikationstechnologien, Roboter und assis-
tierende Technologien in den nächsten Jahren vermehrt eingesetzt
werden. Die zunehmende Nutzung derartiger Technologien hat Aus-
wirkungen auf die Arbeitsorganisation, das Berufsbild und das Selbst-
verständnis der Pflege.[6]

Das Thema Robotik wird eine immer größere Rolle spielen und in Zukunft auch in der Öffentlichkeit besser verstanden werden:

Pflegeroboter werden unter keinen Umständen menschliche Zuwendung und Nähe ersetzen können oder wollen, sondern triviale Tätig-
keiten wie das Verteilen von Essen und Trinken auf Stationen oder in
Krankenzimmer erledigen. Damit wird wertvolle Arbeitszeit von
Fachkräften freigeschaufelt und kann sinnvoller eingesetzt werden.
Dazu gehört sowohl das Rückzählen verwendeter oder nicht einge-
nommener Arzneimittel, die Prüfung der deutlich zu wenig beachte-
ten Medikamentenkompatibilität, wie auch die Überwachung von
Patienten in ihrer jeweiligen und aktuellen Situation. Im Bereich der
häuslichen Pflege bestimmen zukünftig Stichworte wie Ambient As-
sisted Living die Diskussionen. Dabei geht es sowohl um den Einsatz
von Robotic, als auch Überwachungs- und Sicherheitssysteme für zu
pflegende Patienten und deren Angehörige.

Nach dem aktuell(2021) die elektronische Patientenakte und das
elektronische Rezept Auf dem Weg sind, werden auch hier durch wesentlicher Effizienzen entstehen. In diesem Zusammenhang geht es
grundsätzlich und zuvorderst um die Verbesserung der Versorgung
und die Entlastung der darin eingebundenen Pflegenden. Digitale
Handwerkszeuge werden hier eine ganz besondere Rolle spielen.

---

[6] https://link.springer.com/chapter/10.1007%2F978-3-662-58225-1_9

Arzneimittelversorgung

Eines der bedeutungsvollsten Negativbeispiele zur fehlenden Vernetzung / Digitalisierung im Gesundheitswesen ist, das bis heute feh-
lende aber sicher kommende, elektronische Rezept. Es gibt zu Beginn
2021 erste Pilotprojekte. Das Rezept kann als gutes Beispiel für Vernetzung gelten: Es wird ein digitales Bindeglied zwischen dem Verordner, der Apotheke und dem Patienten sein.

Hindernisse auf dem Weg zur weiteren Digitalisierung, wesentliche
„roadblocks", lassen sich auch bei den handelnden Personen identifizieren: derzeit werden die Mehrheit der Arzneimittelbestellungen
von Apotheken beim Großhandel noch per Fax(!) abgewickelt. Unter
solchen Voraussetzungen wundert es nicht, dass fast die Hälfte aller
Befragten im Gesundheitswesen „Digitalisierung" als unnötig erach-
ten.

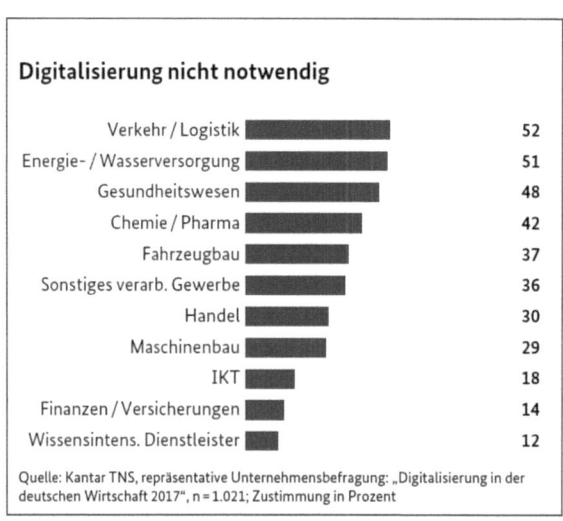

Digitalisierung nicht notwendig

Verkehr / Logistik	52
Energie- / Wasserversorgung	51
Gesundheitswesen	48
Chemie / Pharma	42
Fahrzeugbau	37
Sonstiges verarb. Gewerbe	36
Handel	30
Maschinenbau	29
IKT	18
Finanzen / Versicherungen	14
Wissensintens. Dienstleister	12

Quelle: Kantar TNS, repräsentative Unternehmensbefragung: „Digitalisierung in der
deutschen Wirtschaft 2017", n = 1.021; Zustimmung in Prozent

Das Gesetz, mit dem das E-Rezept in der Gesundheitsversorgung einführt wird, ist das "Gesetz zum Schutz elektronischer Patientendaten in der Telematikinfrastruktur (Patientendaten-Schutz-Gesetz – PDSG)". Das Gesetz ist im Oktober 2020 in Kraft getreten. Dieses regelt die verpflichtende Nutzung des E-Rezepts bei der Verordnung von verschreibungspflichtigen Arzneimitteln ab Januar 2022 vor. Für die Übermittlung des E-Rezepts wird die sichere Telematikinfrastruktur im Gesundheitswesen verwendet werden. Patientinnen und Patienten können entscheiden, ob sie ihr E-Rezept per Smartphone und einer sicheren E-Rezept-App verwalten und digital an die gewünschte Apotheke ihrer Wahl senden wollen oder ob ihnen die für die Einlösung ihres E-Rezepts erforderlichen Zugangsdaten in der Arztpraxis als Papierausdruck ausgehändigt werden sollen.[7]

Beim Weg über das Smartphone wird den Patienten ein QR Code in der Arztpraxis zur Verfügung gestellt, den er in der Apotheke seiner Wahl auslesen und das Rezept dort einlösen kann. Auf dem gleichen Wege lässt sich das Rezept auch beim Apothekenversandhandel einlösen. Dies wiederum erklärt, warum Apotheker sehr lange gegen Digitalisierung und elektronische Rezepte gekämpft haben.

Fazit:
Die Bedeutung des Wortes „Digital", muss bei der Verwendung in jedem Einzelfall definiert werden.

---

[7] https://www.bundesgesundheitsministerium.de/e-rezept.html

Telehealth, Telemedizin oder Remote Care

Auch hier gilt es, auf sprachliches und Verständnis-Wirrwarr zu achten. Um auf der sicheren Seite zu sein, ist die Begriffsklärung durch die WHO das Maß aller Dinge.

Telehealth is the "delivery of health care services, where patients and providers are separated by distance. Telehealth uses ICT for the exchange of information for the diagnosis and treatment of diseases and injuries, research and evaluation, and for the continuing education of health professionals. Telehealth can contribute to achieving universal health coverage by improving access for patients to quality, cost-effective, health services wherever they may be. It is particularly valuable for those in remote areas, vulnerable groups and ageing populations. "[8]

In Baden-Württemberg als erstem Bundesland sind Videogespräche zwischen Arzt und Patient seit geraumer Zeit abrechnungsfähig. Solche Arztkontakt werden also honoriert und finden statt. Noch sind es wenige, aber die Zahlen steigen schnell. Die Pandemie 2020 / 21 war ein wesentlicher Katalysator für die Akzeptanz. Wenn alle Welt von Videokonferenz spricht und mit ihnen Kontakt hat, fehlen den Bedenkenträgern schnell die Argumente. Worum es bei Telehealth nicht gehen kann, sind Erstdiagnosen bei unbekannten Patienten. Dies gilt erst recht, wenn eine körperliche Untersuchung erforderlich ist. Allerdings sind Verlaufskontrollen jeglicher Art bei vielen Diagnosen ein sicheres und nutzenstiftendes Anwendungsfeld für Telehealth. Viele Vorteile und unmittelbaren Nutzen zeigt Telehealth für Patienten, die in irgendeiner Form überwacht werden müssen. Ob dies EKG- oder

---

[8] https://www.who.int/gho/goe/telehealth/en/

Atemfunktionswerte sind: vieles kann „nachverfolgt" und übermittelt werden. Auch können Patienten ihren Ärzten z.B. den Heilungsverlauf von Wunden zeigen. Der Arzt kann via Screenshot dokumentieren und den therapeutischen Verlauf beurteilen. Selbst psychotherapeutische Gespräche und andere akute Interventionen werden ebenfalls online durchgeführt.

Unstrittig ist, auch im Gesundheitswesen, das persönliche Gespräch von Menschen, die sich gegenüber sitzen der bestmögliche Kommunikationsweg. Es können allerdings viele Wege, lange und teure Krankentransporte und noch mehr Zeit bis zur ggf. rettenden Intervention gespart werden. Wenn es um Hausbesuche geht, spart der Arzt, wenn es um den Arztbesuch geht, spart der Patient.

Künstliche Intelligenz im Gesundheitswesen

Definition von „Künstlicher Intelligenz":

Meist bezeichnet künstliche Intelligenz den Versuch, bestimmte Entscheidungsstrukturen des Menschen nachzubilden, indem z. B. ein Computer so gebaut und programmiert wird, dass er relativ eigenständig Probleme bearbeiten kann. Oftmals wird damit aber auch eine nachgeahmte Intelligenz bezeichnet, wobei durch Algorithmen ein „intelligentes Verhalten" simuliert werden soll, etwa bei Computergegnern in Computerspielen.[9]

Die Möglichkeiten der künstlichen Intelligenz drängen sich im Zusammenhang mit der Interpretation von Bildern besonders auf. Ob dies Mammographien, CTs oder MRTs sind, macht keinen zentralen Unterschied. Eine frühe Erstdiagnose ist ganz besonders bei bösartigem

---

[9] https://de.wikipedia.org/

Hautkrebs von allergrößter Bedeutung für eine Heilungsprognose und das 5-Jahresüberleben. Eine Untersuchung aus dem Jahr 2018 gibt spannende Hinweise:

„Denn ein Forscherteam mit Mitgliedern aus Deutschland, den USA und Frankreich hat einer KI beigebracht, gutartige von malignen Hautläsionen zu unterscheiden. Wie der Guardian berichtet, stellten mehr als 100.000 Bilder die Basis dafür dar, das eingesetzte System war ein Convolutional Neural Network (CNN).

Dieselben Fotos wurden 58 Dermatologen aus 17 Ländern gezeigt. Mehr als die Hälfte von ihnen wurde als Experten mit mehr als fünf Jahren Berufserfahrung eingestuft, ein knappes Drittel als Anfänger mit weniger als zwei Jahren in der Ausführung dieses Jobs.

Das CNN schlug sich dabei klar besser als die Dermatologen: Die menschlichen Ärzte erkannten 86,6 Prozent der Hautkrebsfälle auf den Fotos, beim neuronalen Netzwerk lag die Erkennungsquote bei immerhin 95 Prozent.“[10]

Es ist nur eine Frage der Verfügbarkeit, dass Bilder jeglicher Art in einer deutschen Praxis aufgenommen, in einem leistungsstarken Rechenzentrum z.B. in Indien begutachtet und dort befundet werden. Wir sollten allerdings weiterhin hoffen, dass es dann ein empathischer Arzt ist, der den Patienten die Diagnose übermittelt.

---

[10] https://winfuture.de/news,103423.html

Chatbots im Gesundheitswesen

"A chatbot is a software application used to conduct an on-line chat conversation via text or text-to-speech, in lieu of providing direct contact with a live human agent. Designed to convincingly simulate the way a human would behave as a conversational partner, chatbot systems typically require continuous tuning and testing, and many in production remain unable to adequately converse or pass the industry standard Turing test. ... Chatbots are used in dialog systems for various purposes including customer service, request routing, or for information gathering. While some chatbot applications use extensive word-classification processes, natural language processors, and sophisticated Artificial Intelligence, others simply scan for general keywords and generate responses using common phrases obtained from an associated library or database."[11]

[12]

1,7 Millionen Corona-Fragen an Chatprogramm der Landesregierung

STUTTGART (thg) - Mehr als eine Million Nutzer haben Corey, dem Corona-Chatbot der Landesregierung, bisher rund 1,7 Millionen Fragen gestellt. Der Chatbot ist seit Anfang April 2020 verfügbar und beantwortet Fragen rund um das Coronavirus und die Verordnungen. „Zu Beginn der Pandemie haben wir uns kurzfristig entschieden, mit Corey ein neues digitales Informationsangebot für die Bürgerinnen und Bürger zu schaffen, rund um das Virus und die Corona-Verordnungen. Es war ein Test – und der Test ist erfolgreich", sagte der stellvertretende Ministerpräsident sowie Innen- und Digitalisierungsminister Thomas Strobl. Insbesondere seit dem Herbst verzeichne der Chatbot einen starken Nutzerzuwachs. Allein im letzten Monat befragten nach Angaben des Innenministeriums rund 270 000 Personen Corey. Die bislang höchste Nutzerzahl wurde am 14. Dezember 2020 mit mehr als 23 000 Anfragenden an einem einzelnen Tag erreicht. Der Chatbot ist auf den Internetseiten verschiedener Ministerien, Landkreise und auf dem Landesportal www.baden-wuerttemberg.de eingebunden.

Im Zusammenhang mit Patienten-Dialogen sind Chatbots von Bedeutung. Sie erlauben die Beantwortung großer Anfrager-Mengen, die sonst nur mit einem schwer planbaren und oftmals

---

[11] https://en.wikipedia.org/wiki/Chatbot
[12] Artikel aus der Schwäbischen Zeitung, 4.1.2021, Biberach

unrealistischem Personal-aufwand abzuarbeiten wären. Callcenter, unternehmensintern oder als Dienstleister, sind in aller Regel diejenigen, die Chatbots mit künstlicher Intelligenz einsetzen. Es gibt sie immer häufiger und sie vermitteln immer öfter den Eindruck, mit einem menschlichen Gegenüber zu sprechen oder im Internet zu chatten.

Möglichkeiten für den sinnvollen Einsatz sind z.B. die Anleitung von Patienten beim Weg durch die Instanzen seiner Versorgung oder die Wege im Krankenhaus. [13] Auch Krankenkassen und -Versicherungen bedienen sich ihrer inzwischen regelmäßig. Fragen und Patientenanleitungen rund um Therapieadhärenz oder die Beratung bei kleineren gesundheitlichen Problem, werden mit Chatbots abgearbeitet.

Das Sammeln von Informationen ist ebenfalls eine Domäne KI-basierter Chatbot-Technologie: die Durchführung anamnestischer oder diagnostischer Fragebögen kann einfach und betriebswirtschaftlich effizient mit Chatbots erledigt werden. Viele Diagnosen benötigen und basieren auf amnestischen Angaben von Patienten. Diese werden mit validierten Fragebögen von Chatbots, in der entsprechenden Reihenfolge und mit möglichen Nachfragen abgefragt. Die Ergebnisse sind in aller Regel valide und entsprechen vollumfänglich der Intention der standardisierten Fragebögen. Menschlicher Einfluss oder Bias entfällt dabei.

---

[13] https://medicalfuturist.com/top-12-health-chatbots/

DiGA – Digitale Gesundheitsanwendungen

Eine neue Spezies von Medizinprodukten sind Digitale Gesundheitsanwendungen. DiGAs sind seit Ende 2020 verordnungs- und erstattungsfähige Apps, die Patienten einen eindeutigen medizinischen Nutzen bieten müssen.

Digitale Gesundheitsanwendungen (DiGA) eröffnen vielfältige Möglichkeiten, um bei der Erkennung und Behandlung von Krankheiten sowie auf dem Weg zu einer selbstbestimmten gesundheitsförderlichen Lebensführung zu unterstützen. DiGA sind damit „digitale Helfer" in der Hand der Patientinnen und Patienten.[14]

Eine DiGA ist ein CE-gekennzeichnetes Medizinprodukt, das folgende Eigenschaften hat:

- *Medizinprodukt der Risikoklasse I oder IIa*
- *Die Hauptfunktion der DiGA beruht auf digitalen Technologien.*
- *Der medizinische Zweck wird wesentlich durch die digitale Hauptfunktion erreicht.*
- *Die DiGA unterstützt die Erkennung, Überwachung, Behandlung oder Linderung von Krankheiten oder die Erkennung, Behandlung, Linderung oder Kompensierung von Verletzungen oder Behinderungen.*
- *Die DiGA wird vom Patienten oder von Leistungserbringer und Patient gemeinsam genutzt.*

---

[14] https://www.bfarm.de/DE/Medizinprodukte/DVG/_node.html

Die zentrale Listung der verfügbaren digitalen Gesundheitsanwendungen liegt in den Händen des Bundesamtes für Arzneimittel.[15]

Das zentrale Problem der Hersteller dieser digitalen Gesundheitsanwendungen ist der Vertrieb. Ärzte und Patienten sind aktuell noch wenig technik-affin und würden Unterstützung und Beratung bei der Nutzung der meist komplexeren Apps benötigen. Diese Beratungsleistungen sind allerdings durch die meist jungen Startups finanziell nicht leistbar oder nicht geplant. Nachdem die weitaus meisten Apps ohne Probleme von Patienten selbst gehandhabt werden können, ist die Beratung von verschreibenden Ärzten und deren Pateinten zur Installation und Handhabung schwierig. Hinzu kommt, dass die Autoren der Apps meist jung und gesund sind, während die Zielgruppe älter und kränker ist.

---

[15] https://diga.bfarm.de/de

Digitales Pharma Marketing

Digitales Pharma-Marketing I

Definition:
Im aktuellen Pharmamarketing, bedeutet *digital*, dass informationstechnische Tools angewendet werden, um Dinge umzusetzen, die früher auf analogen Wegen und mit analogen Werkzeugen abgearbeitet wurden.

Dies gilt zum Beispiel, wenn Ärzte per E-Mail oder Messengerdiensten kontaktiert werden. In vielen Situationen wird dabei entschieden, Ärzte digital zu kontaktieren, anstatt persönlich.

Diese Situation hat sich mit dem Ausbruch der Pandemie 2020 dramatisch zugespitzt. Arztbesuche finden praktisch nicht mehr statt, Kongresse werden abgesagt. Selbst wenn die Pandemie irgendwann in 2021 überwunden wird, wird die Digitalisierung die Arbeit der Pharma- Aussendienste nachhaltig verändert haben.

Digitales Pharma Marketing bedeutet in diesem Zusammenhang , dass die Pharma-Außendienste ihre Arbeit mit digitaler Unterstützung erledigen. Der Unterschied zu früher ist dabei, dass kein Papier mehr verwendet wird, sondern zum Beispiel Prospekte, sog. sales folder, mit den entsprechenden Inhalten über einen Tablet-PC beim Arztkontakt genutzt werden.

Da ein PC deutlich mehr leisten kann, als nur Folien oder Inhalte zu präsentieren, werden dabei z.B. auch die Verweildauer pro Seite oder Folie oder Thema aufgezeichnet. Es besteht ebenfalls die

Möglichkeit, interaktive Elemente in einem Arztgespräch zu nutzen. Gleichermaßen wird aufgezeichnet, wann und wo ein persönlicher Kontakt stattgefunden hat.

Aus der Verweildauer bei einem bestimmten Thema / Issue bei einer Gesamtheit / Sub-Gruppe von Ärzten, wird auf deren Interessenslage oder Probleme geschlossen. Diese Interessenslage oder die entsprechenden Problemlösungen werden dann bei einem Folgebesuch angesprochen oder gelöst. Der Terminus technicus zu diesen digitalisierten Außendienst Verfahren heißt: Closed Loop Marketing.

Digitalisierung des Pharmamarketings bedeutet also hier, dass man Dinge, die man schon lange analog tut, nunmehr digital umsetzt. Es werden digitale Hilfsmittel und Handwerkszeug eingesetzt, um die Verfahren aus der analogen Zeit effizienter und produktiver zu erledigen.

Digitales Pharma-Marketing II

Analogien aus anderen Industrien lassen allerdings den Schluss zu, dass die beschriebene Version 1 des digitalen Pharmamarketings bald zu Ende sein wird.

Heute wird in vielen Ländern bereits von der „Amazonisierung" des Gesundheitswesens gesprochen.

Im Jahr 2018 hat Amazon ein Unternehmen gegründet, das sich dem Gesundheitswesen zuwenden wird. Es ist bis heute nicht eindeutig klar, welches neue Geschäftsmodell geplant ist.

Erste Vermutungen, Amazon könnte in den Versand von Arzneimitteln einsteigen sind sicher zu kurz gesprungen. Die Patientendaten, die in einer digitalen Versandapotheke entstehen, sind extrem vielfältig und weitreichend. Der Phantasie für ein neues Geschäftsmodell sind damit fast keine Grenzen gesetzt.

Disruption im Gesundheitswesen

Definition:
Disruption ist hier das umfassende (zerstörerische) Verändern bisheriger Verfahren oder Geschäftsmodelle.

Beispiel für Disruption:

Das Unternehmen Flixbus wurde nach dem Ende des Transportmonopols der Bahn im Jahr 2013 gegründet. Dieses Unternehmen bietet 5 Jahre später pro Tag mehr als 300.000 Verbindungen an. Für das Jahr 2018 sind mehr 50 Millionen Passagiere geplant und in 2018 werden mehr als 1.700 Destinationen in 28 Ländern bedient. [16]

Flixbus ist ein Transportunternehmen für Menschen, wurde aber weder von der Deutschen Bahn®, noch von der Lufthansa® und auch nicht von Sixt® oder Setra® gegründet.

Flixbus war drei Jahre nach Markteintritt bereits der zentrale Wettbewerber für die Deutsche Bahn AG.

Flixbus besitzt selbst aber keinen einzigen Bus. Es besitzt aber die digitalen Kompetenzen zur vollständigen Vernetzung aller seiner Angebote und beherrscht die entsprechenden digitalen Tools.

---

[16] https://www.flixbus.de/unternehmen/ueber-flixbus

In der digitalen Welt ist es von untergeordneter Bedeutung ein Produkt physisch selbst herzustellen. Der frühere Begriff „Fertigungstiefe" spielt im Dienstleistungsbereich eine immer geringere Rolle. Alles was ein Unternehmen wie Flixbus, neben der Geschäftsidee, den Managementfähigkeiten und den digitalen Kompetenzen benötigt, gibt es auf dem Markt zu kaufen.

Für ein digitales Unternehmen ist es einfach, sich in den Regalen der analogen Welt zu bedienen. Die Analogie zu AirBnB, einem weiteren digitalen Geschäftsmodell, ist frappierend, denn der größte Übernachtungsanbieter besitzt ebenfalls kein einziges Hotel.

Der zentrale Bedarf im Gesundheitswesen

Unser Gesundheitssystem lebt heute noch mit Strukturen, die im Jahre 1883 begründet wurden. Dies bedeutet, dass der Patient eher Objekt eines patriarchalischen Systems war und zum Teil noch ist. Es fällt dem System deswegen schwer, Patienten in die Lage zu versetzen, selbst gut informierte Entscheidungen zur eigenen Gesundheit treffen zu können.

Der Patient ist heute die zentrale „Schwachstelle" im Gesundheitswesen. Er ist nach wie vor nicht in die Lage versetzt und besitzt zu wenige Kenntnisse, um eigene Gesundheitskompetenz entwickeln zu können. Dies führt zu zwei großen Defiziten:

1. Patienten können Gesundheitsinformationen nicht sachgerecht bewerten. Dies gilt sowohl für Informationen, die sie von Ärzten bekommen als auch für eigene Suchergebnisse im Internet.

2. Patienten beenden in etwa 50% aller Fälle bewusst (nicht zufällig oder wegen Vergessens) die ärztlich verordnete Therapie. Damit werden in diesen Fällen die Bemühungen des Systems ad absurdum geführt.

Die Verbesserung der Therapieadhärenz durch die Vermittlung von Gesundheitswissen an Patienten, ist deswegen das zentrale Thema.

Man darf gespannt sein, wer sich das Flixbus-Geschäftsmodell zu eigen macht und ein *„Therapiebus"*-Unternehmen gründet. Wenn man sich die Analogie zu eigen macht, wird es weder ein Pharmaunternehmen noch eine Versicherung oder Krankenkasse sein.

Therapie findet heute in sehr vielen Bereichen leitliniengestützt und damit weitgehend ohne rationale Abweichungsmöglichkeit statt. Sobald eine Diagnose, immer häufiger mit Unterstützung künstlicher Intelligenz, klar und codiert ist, könnte es passieren:

Ein digitales Unternehmen wie *„Therapiebus"* wird die Einstellung des Patienten, die Versorgung mit Arzneimitteln, die Bereitstellung von Hilfsmitteln, die Aufrechterhaltung der Therapieadhärenz, die Überprüfung der Wirksamkeit, Sicherstellung und Abfrage der Patientenzufriedenheit übernehmen.

Regelmäßiger Kontakt mit den Patienten stellt sicher, dass Patientendaten aktuell bleiben und die Patientenakte immer auf einem optimalen Stand ist. Alle denkbaren und möglichen Sensoren, Gesundheitsarmbänder und Tracking-Devices übergeben ihre gesammelten Informationen direkt und ohne Umweg in die Patientenakte. Dies gilt selbstverständlich auch für Blutdruck- und Blutzuckerwerte oder Hinweise zur derzeit wahrgenommenen Lebensqualität des Patienten.

Der regelmäßige Abgleich der Daten eines Patienten mit den Werten eines umfassenden und gleichsinnigen Klientels durch Künstliche Intelligenz, wie zum Beispiel IBM Watson, wird dafür sorgen, dass der Genesungs-, oder Krankheitsverlauf auf einem individuell optimalen Pfad verläuft. Jegliche relevante Abweichung wird dem Patienten elektronisch übermittelt. Da der Patient die Hoheit über seine Krankenakte besitzt, wird er sicherstellen, dass kritische Werte seinem Gesundheitscoach und/oder Arzt übermittelt werden. In seiner oder der Hand des Gesundheitscoachs wird es liegen, alle abweichenden Werte so schnell wie möglich „zurück ins Optimum" zu führen.

In diesem Szenario befinden sich Sensoren und Arzneimittel auf dem gleichen Level: Sie sind austauschbare Commodities und werden deswegen von einem Zulieferer bezogen, der seine Produkte mit großer Präzision, punktgenauer Verfügbarkeit und zum günstigsten Preis bereitstellen kann.

Bei einer solchen disruptiven Zukunft wird die Pharmaindustrie zum Zulieferer des Gesundheitswesens. Gewinne werden sich dann in einem „normalen" Rahmen bewegen, der bei Zulieferern meist im einstelligen Prozentbereich liegt.

Marketing und Vertrieb werden sich damit erübrigen und „richtige" Key Account Manager der Pharmaindustrie werden bei „Therapiebus" ein Büro haben. Die gemeinsame Diskussion über die immer bessere und umfassendere Versorgung von Patienten wird deren täglich Brot sein.

13. Literaturverzeichniss

(1.) J. Mc Carthy, Basic Marketing, A managerial approach, 1960

(2.) B. Lauterborn, New Marketing Litany, Advertising Age 61 (41), 1990, S.26

(3.) Schwäbische Zeitung vom 30.09.2020

(4.) Quelle: M. Nöthen, Statistisches Bundesamt, Wirtschaft und Statistik, Juli 2011

(5.) (2020, November 11) retrieved from
https://www.destatis.de/DE/ZahlenFakten/GesellschaftStaat/Gesundheit/Gesundheitsausgaben/Gesundheitsausgaben.html

(6.) (2020, November 11) retrieved from
https://www.bpi.de/fileadmin/user_upload/Downloads/Publikationen/Pharma-Daten/Pharma-Daten_2019_DE.pdf

(7.) (2018, November 22) retrieved from
http://www.chemanager-online.com/themen/management/china-auf-dem-weg-die-pharmaspitze

(8.) (2020, November 11) retrieved from
https://www.statista.com/statistics/279916/top-10-therapeutic-classes-by-global-pharmaceutical-sales/

(9.) (2020, November 11) retrieved from
https://www.fiercepharma.com/special-report/top-20-pharma-companies-by-2019-revenue

(10.) (2020, November 11) retrieved from
https://www.fiercepharma.com/special-report/top-20-drugs-by-2018-u-s-sales

(11.) Evaluate Pharma®, World Preview 2018, Outlook to 2024, 11th Edition, June 2018

(12.) (2020, Dezember 17) retrieved from
Pharmaindustrie - Forschungs- und Entwicklungsausgaben weltweit bis 2026 | Statista

(13.) (2020, Dezember 15) retrieved from
https://www.vfa.de/de/arzneimittel-forschung/datenbanken-zu-arzneimitteln/orphan-drugs-list

(14.) (2020, Dezember 15) retrieved from
http://www.pharma-food.de/ernst-young-groesste-pharmakonzerne-verzeichneten-in-2012-umsatzrueckgaenge/

(15.) (2020, Dezember 15) retrieved from
https://www.slideshare.net/ernstandyoung/ey-pharmastudie-2017

(16.) (2020, Dezember 15) retrieved from
https://de.wikipedia.org/wiki/Arzneimittelgesetz_(Deutschland)

(17.) (2020, Dezember 15) retrieved from
https://www.gesetze-im-internet.de/amg_1976/AMG.pdf

(18.) (2020, Dezember 26) retrieved from
https://www.gesetze-im-internet.de/heilmwerbg/HWG.pdf

(19.) (2020, Dezember 26) retrieved from
https://www.gesetze-im-internet.de/uwg_2004/BJNR141400004.html

(20.) (2020, Dezember 26) retrieved from
https://www.vfa.de/de/verband-mitglieder/fs-arzneimittelindustrie

https://www.fsa-pharma.de/site/assets/files/62526/fsa_ko-dex_transparenzkodex_2020.pdf
https://www.fsa-pharma.de/site/assets/files/77806/fsa_jahresbe-richt_2019.pdf

(21.)   (2020, Dezember 26) retrieved from
https://www.etl-rechtsanwaelte.de/aktuelles/informationen-zum-antikorruptionsgesetz-im-gesundheitswesen-2016

(22.)   (2020, Dezember 28) retrieved from
https://de.wikipedia.org/wiki/Pharmaforschung

(23.)   (2020, Dezember 28) retrieved from
https://www.vfa.de/de/arzneimittel-forschung/so-funktioniert-pharmaforschung/so-entsteht-ein-medikament.html

(24.)   (2020, Dezember 28) retrieved from
https://en.wikipedia.org/wiki/Supplementary_protection_certifi-cate

(25.)   Darstellung basierend auf Stauffer, T.R. (1975) , S. 104,Deneux, F., Kane, R.L. u.a. (2004), S. 20,23

(26.)   (2020, Dezember 28) retrieved from
https://de.wikipedia.org/wiki/Sofosbuvir

(27.)   (2020, Dezember 28) retrieved from
https://www.pharma-fakten.de/news/details/27-700-euro-pro-tablette-wucher-oder-schnaeppchen/

(28.)   (2020, Dezember 28) retrieved from
https://www.gesetze-im-inter-net.de/ampreisv/BJNR021470980.html

(29.)   (2020, Dezember 28) retrieved from
         https://www.bundesgesundheitsministerium.de/themen/kran-
         kenversicherung/arzneimittelversorgung/zuzahlung-und-erstat-
         tung.html

(30.)   (2020, Dezember 30) retrieved from
         Festbetragsübersicht nach § 35 Abs. 8 SGB V (dimdi.de)

(31.)   (2020, Dezember 30) retrieved from
         https://de.wikipedia.org/wiki/Richtgr%C3%B6%C3%9Fe_(Arznei-
         mittel)

(32.)   (2020, Dezember20) retrieved from
         https://de.wikipedia.org/wiki/Pharmagro%C3%9Fhandel

(33.)   (2020, Dezember 30) retrieved from
         https://www.bundesgesundheitsministerium.de/service/begriffe-
         von-a-z/a/arzneimittelmarktneuordnungsgesetz-amnog.html

(34.)   (2020, Dezember 30) retrieved from
         https://www.bundesgesundheitsministerium.de/themen/kran-
         kenversicherung/arzneimittelversorgung/herstellerabschlaege-
         fuer-arzneimittel.html

(35.)   T. Trilling, Pharma Marketing, 2. Auflage, S. 163

(36.)   (2020, Dezember 30) retrieved from
         https://www.aerzteblatt.de/nachrichten/63001/Absatz-der-Pille-
         danach-um-ein-Viertel-gestiegen

(37.)   (2020, Dezember 30) retrieved from
         https://de.wikipedia.org/wiki/Ibuprofen

(38.)   (2020, Dezember 30) retrieved from
         http://www.bi-vetmedica.com/sanofi-and-boehringer-ingelheim-
         confirm-closing-business-swap-january-1st-2017

(39.)   (2020, Dezember 30) retrieved from
        http://www.nytimes.com/2000/02/07/business/pfizer-approves-
        90-billion-deal-for-warner-lambert.html

(39.)   (2018, November 23) retrieved from
        https://www.biospace.com/article/top-10-companies-leading-bio-
        tech-/

(40.)   (2021, Januar 7) retrieved from
        https://khn.org/news/americans-cross-border-into-mexico-
        to-buy-insulin-at-a-fraction-of-u-s-cost/

(41.)   Supplement zur Deutschen Apotheker Zeitung 38/ 2014

(42.)   Schwäbische Zeitung vom 11.01.2020

(43.)   (2021, Januar 7) retrieved from
        Sechs Fabriken für Ibuprofen | APOTHEKE ADHOC (apo-
        theke-adhoc.de)

(44.)   (2021, Januar 8) retrieved from
        https://www.healthcaremarketing.eu/unternehmen/de-
        tail.php?nr=70783

(45.)   (2021, Januar 8) retrieved from
        Umsatz mit Biosimilars in Deutschland bis 2019 | Statista

(46.)   (2021, Januar 8) retrieved from
        https://de.statista.com/statistik/daten/studie/372113/um-
        frage/patentauslaeufe-umsatzstarker-biopharmazeutika-in-den-
        usa-und-der-eu/

(47.)   Genetics and Biosimilar Initiative Journal, 2017. 6 (1) 27-30

(48.) (2021, Januar 8) retrieved from
https://www.ema.europa.eu/en/human-regulatory/overview/bio-
similar-medicines-overview

(49.) (2021, Januar 8) retrieved from
https://www.fda.gov/Drugs/DevelopmentApprovalPro-
cess/HowDrugsareDevelopedandApproved/ApprovalApplica-
tions/TherapeuticBiologicApplications/Biosimi-
lars/ucm580419.htm#biosimilar

(50.) ICH Topic Q6B, the analytical scientist, F. Greer, September 2016

(51.) (2021, Januar 8) retrieved from
http://gabionline.net/Policies-Legislation/45-US-states-
have-passed-biosimilar-substitution-laws

(52.) (2021, Januar 8) retrieved from
http://www.pharma-relations.de/innovations/artikel/201ebiosim-
ilars-semi-generisch-vermarkten201c-1721.html

(53.) (2021, Januar 8) retrieved from
https://www.bccresearch.com/market-research/biotechnol-
ogy/biosimilars-global-markets-report.html

(54.) (2021, Januar 8) retrieved from
https://www.fool.de/2017/07/04/das-naechste-grosse-ding-mil-
liardenmarkt-biosimilars/

(55.) Progenerika, Biosimilars-Handbuch, 2014, S. 66

(56.) (2021, Januar 8) retrieved from
https://www.kvwl.de/arzt/verordnung/arzneimit-
tel/info/agavm/adalimumab_agamv.pdf

(57.) (2021, Januar 8) retrieved from
https://probiosimilars.de/img_upload/2018/12/Grafik-des-
Monats-Dezember_Adalimumab-acht-Wochen-nach-
Markteintritt.pdf?ddl=1

(58.) (2021, Januar 8) retrieved from
biosimilars-uebersicht-originalpraeparate.pdf (vfa.de)